新形势下完善宏观调控理论与机制研究

余 斌 魏加宁 等著

中国发展出版社

CHINA DEVELOPMENT PRESS

图书在版编目（CIP）数据

新形势下完善宏观调控理论与机制研究/余斌，魏加宁等著.
北京：中国发展出版社，2016.10
（国务院发展研究中心研究丛书.2016 / 李伟主编）
ISBN 978 – 7 – 5177 – 0527 – 7

Ⅰ.①新… Ⅱ.①余… ②魏… Ⅲ.①中国经济—宏观经济
调控—研究 Ⅳ.①F123.16

中国版本图书馆 CIP 数据核字（2016）第 156462 号

书　　　名：新形势下完善宏观调控理论与机制研究
著作责任者：余　斌　魏加宁　等
出 版 发 行：中国发展出版社
　　　　　　（北京市西城区百万庄大街 16 号 8 层　100037）
标 准 书 号：ISBN 978 – 7 – 5177 – 0527 – 7
经 销 者：各地新华书店
印 刷 者：北京科信印刷有限公司
开　　　本：710mm×1000mm　1/16
印　　　张：12.5
字　　　数：150 千字
版　　　次：2016 年 10 月第 1 版
印　　　次：2016 年 10 月第 1 次印刷
定　　　价：45.00 元

联 系 电 话：(010) 88919581　68990692
购 书 热 线：(010) 68990682　68990686
网 络 订 购：http://zgfzcbs.tmall.com
网 购 电 话：(010) 68990639　88333349
本 社 网 址：http://www.develpress.com.cn
电 子 邮 件：370118561@qq.com

"新形势下完善宏观调控理论与机制研究"
课题组

课题负责人

余　斌　国务院发展研究中心党组成员、兼任办公厅主任、中心新闻发言人、研究员

课题协调人

魏加宁　国务院发展研究中心宏观部巡视员、研究员

课题联络人

王莹莹　国务院发展研究中心宏观部主任科员、助理研究员

课题组成员

陈昌盛　国务院发展研究中心宏观部副部长、研究员

吴振宇　国务院发展研究中心宏观部副部长、研究员

张俊伟　国务院发展研究中心宏观部第三研究室主任、研究员

唐　滔　中国人民银行金融研究所副研究员

朱太辉　中国人民大学财政金融政策研究中心博士

杨　坤　西南财经大学中国金融研究中心博士生

吕东青　清华大学经济管理学院博士生

赵伟欣　中国人民大学财政金融学院博士生

践行五大发展理念　发挥高端智库作用
努力推动中国经济转型升级

2016 年是"十二五"开局之年。"十三五"时期是塑造中国未来的关键五年，到 2020 年能否实现全面建成小康社会的目标，不仅是发展速度快慢的问题，更是决定中国能否抓住转型发展的历史窗口期，跨越"中等收入陷阱"、顺利实现现代化的问题。

2015 年 10 月，党的十八届五中全会通过的《中共中央关于制定国民经济和社会发展第十三个五年规划的建议》确立了"创新、协调、绿色、开放、共享"五大发展理念。2016 年 3 月，十二届全国人大四次会议通过的《国民经济和社会发展第十三个五年规划纲要》明确了新时期发展的总体思路，提出了应对国内外严峻挑战的战略性安排。

毋庸讳言，我国经济社会发展确实面临着一些前所未遇的困难和挑战，诸如：劳动年龄人口绝对量下降，老龄化问题日益显现，传统产业和低附加值生产环节的产能严重过剩，粗放式发展产生的生态环境问题逐渐暴露，以创新为驱动力的新增长动力尚未形成，社会对公平正义的诉求日益增强，等等。但与此同时，也应该客观地看到，我国的发展依然有着巨大的潜力和韧性。城镇化远未完成，欠发达地区与发达地区间存在明显的发展差距。这意味着，在当前和未来相当长的时期内，投资和消费都有很大的增长空间。我国产业体系完备、人力资本丰富、创新能力正在增强，有支撑未来发展的雄厚基础和良好条件。目前经济增长速度呈现的下降态势，只是经济结构转型过程中必然出现的暂时现象，而且这一态势是趋缓的、可控的、可承受的。随着结构调整、经济转型不断取得进展，我国经济将在新的发展平台上实现稳定、持续的中高速增长。

正是基于各种有利因素和不利因素复杂交织、相互影响的大背景，我们认为，中国的现代化已经进入转型发展重要的历史性窗口期，如果不能在窗口期内完成发展的转型，我们就迈不过"中等收入陷阱"这道坎，现代化进程就有可能中断。

中央十分清醒地认识到这一点，并对转型发展进行了周密部署。概言之，未来五年，为了推动经济转型、释放发展潜力，我们将以新的发展理念为统领，依照"十三五"规划描绘的蓝图，通过持续不断地深化改革和扩大开放，建立新的发展方式，形成创新驱动发展、协调平衡发展、人与自然和谐发展、中国经济和世界经济深度融合、全体人民共享发展成果的发展新格局。

推动经济转型升级，形成发展新格局，需要从供给和需求这两侧采取综合措施，在适度扩大总需求的同时，着力加强供给侧结构性改革，转变发展方式，促进经济转型。我国经济发展正处于"三期叠加"的历史性转折阶段，摆在面前的既有周期性、总量性问题，但更突出的是结构性问题。在供给与需求这对主要矛盾体中，当前矛盾的主要方面是在供给侧。比如，在传统的增长动力趋弱的同时，新的增长动力尚难以支撑中高速增长；产业结构资源密集型特征明显，对生态环境不够友好；要素在空间上的流动还不够顺畅，制约了城乡、区域协调发展；对外经济体制不能完全适应国际贸易投资规则变化的新趋势等。因此，去年以来，中央大力推进供给侧结构性改革，重点落实"三去一降一补"五大任务，用改革的办法推进结构调整，提高供给结构对需求结构变化的适应性，努力提升经济发展的质量和效益。"十三五"规划亦把供给侧结构性改革作为重大战略和主线，旨在通过转变政府职能、发展混合所有制经济、增强市场的统一性和开放性、健全经济监管体系等，促进资源得到更合理的配置和更高效的利用，提高生产效率，优化供给结构，为形成发展新格局奠定坚实的物质基础。当然，这里要强调的是，注重供给侧结构性改革，并非不要进行需求管理。我们还将采取完善收入分配格局、健全公共服务体制等措施，推动社会实现公平、正义，并为国内需求的增长提供强力支撑，使需求和供给在更高水平上实现良性互动。

当前，国务院发展研究中心正在按照中央的要求和部署，积极推进国家高端智库建设的试点工作，努力打造世界一流的中国特色新型智库。作为直接为党中央、国务院提供决策咨询服务的高端智库，我们将坚持"唯真求实、守正出新"的价值理念，扎实做好政策研究、政策解读、政策评估、国际交流与合作等四位一体的工作，为促进中国经济转型升级及迈向中高端水平、实现全面建成小康社会的宏伟目标做出应有的贡献。

这套"国务院发展研究中心研究丛书2016"，集中反映了过去一年我们的主要研究成果，包括19种（20册）著作。其中：《新兴大国的竞争力升级战略》（上、下册）和《从"数量追赶"到"质量追赶"》是中心的重大研究课题报告；《新形势下完善宏观调控理论与机制研究》《区域协同发展：机制与政策》等9部著作，是中心各研究部（所）的重点研究课题报告；还有8部著作是中心资深专家学者或青年研究人员的优秀招标研究课题报告。

"国务院发展研究中心研究丛书"自2010年首次面世至今，已是连续第七年出版。七年来，我们获得了广大读者的认可与厚爱，也受到中央和地方各级领导同志的肯定和鼓励。我们对此表示衷心感谢。同时，真诚欢迎各界读者一如既往地关心、支持、帮助我们，对这套丛书以及我们的工作不吝批评指正，使我们在建设国家高端智库、服务中央决策和工作大局、推动经济发展和社会进步的道路上，走得更稳、更快、更好。

国务院发展研究中心主任、研究员

2016 年 8 月

代序言

"十三五"时期中国经济发展趋势

　　"十三五"时期，中国经济发展进入新旧动力转换、由要素规模扩张转向质量效益提升、由中等收入迈入高收入"惊险一跃"的关键阶段。十八届五中全会按照全面建成小康社会的新要求，提出了创新、协调、绿色、开放、共享五大发展理念，部署了一系列重大战略、工程、行动和计划。2015年底召开的中央经济工作会议把供给侧结构性改革作为当前和今后一个时期的主攻方向，在适度扩大总需求的同时，去产能、去库存、去杠杆、降成本、补短板，实现由低水平供需平衡向高水平供需平衡跃升。总体看，"十三五"时期中国经济有望在新的中高速平台上保持稳定发展，并为全球经济复苏注入新的动力。

一、增长阶段转换与再平衡

　　2010年以来，中国GDP增速从10.6%逐年滑坡至2015年的6.9%，2016年仍然面临较大下行压力，经济运行正在经历改革开放以来从未有过的长时间、大幅度调整。与此同时，一些重大的阶段性和转折性变化集中显现，主动或被动的资产重组加快，局部风险释放带来的冲击有所增大，增长阶段转换导致的潜在增长率下降趋势尚未能逆转。作为全球经济增长的主要来源和第二大经济体，中国经济发生的上述变化引起了国内外的广泛关注，一些机构和部分学者对中国经济持有过度悲观的预期。如何正确地看待中国经济的现状和前景呢？

通过系统、全面地梳理发展中国家的经济发展历程，总结、提炼后发国家追赶进程的一般规律，我们发现，在发展中国家追赶进程的不同阶段，后发优势的重点、蕴藏的增长潜力不同，从而带来经济增速、增长动力、经济结构和发展方式的相应变化。根据国际经验，结合中国实际，可以将后发国家的追赶进程区分为五个阶段，即起飞阶段、高速增长阶段、中高速增长阶段、中低速增长阶段和增速回归阶段。如图 1 所示。

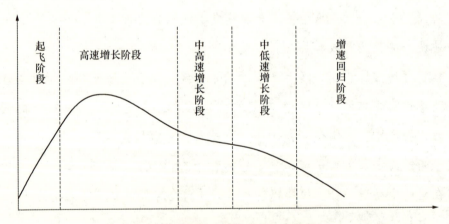

图 1　后发图家追赶进程的五个阶段

资料来源：《追赶接力：从数量扩张到质量提升》，中国发展出版社 2014 年版，第 9 页。

在高速增长阶段，市场需求空间大，劳动力等生产要素供应充分，价格低廉，通过引进、消化、吸收国外先进技术，企业很容易组织并扩大生产；在增量扩能的过程中，基础设施和固定资产投资需求大幅增加，大量剩余或闲置资源被有效利用，生产率和人均资本存量快速增长；产业结构、消费结构、城乡结构、出口结构快速优化升级。中国改革开放以来三十多年高增长就是处于这一阶段。在中高速增长阶段，基础设施投资、居民消费、出口等需求增速逐步下降；引进先进设备和技术的难度加大、成本提高，生产要素供应紧张，价格显著上涨；早期简单外延式扩张的增长模式难以为继，效率提高更多依靠模仿创新和行业内企业间优胜劣汰来实现。在追赶的后期，后发国家与发达国家的人均 GDP 水平进一步接近，大部分后发优势已经释放；传统市场空间饱和，生产要素价格大幅上涨；企业开始尝试前沿创新，通过创造全新商品和技术路线、构建新商业模式等获取高额利润，消化投入成本上升带来的压力，经济发展相继进入中低速增长阶段和增速回归阶段。上述五个阶段的更替是渐进演化的过程。前两个阶段经济发展更多依靠数量扩张，后三个阶段则更多依靠质量提升。当然，就具体国家而言，能否成功实现各个阶段的更替和演进，则要具体情况具体分析。

中国经济增速回落符合后发国家追赶进程的一般规律，是从数量扩张为主的高速增长阶段向以质量提升为主的中高速增长阶段的转换，是追赶进程迈向更高水平、更高阶段的体现，而不是追赶进程的终结。"十三五"时期，中国经济有望在曲折中完成增长阶段转换的任务，确立中高速增长阶段新的增长平台，并通过深化改革开放、转变发展方式、调整优化经济结构、培育经济增长新动力等建立起新的平衡。

二、"十三五"时期面临的挑战和有利条件

有关研究表明，在 1960 年达到中等收入的 101 个经济体中，到 2008 年成功翻越高收入门槛的经济体仅 13 个。其中，大多数国家未

能成功实现增长阶段转换，不同程度地落入"中等收入陷阱"；少数幸运者，如日本、韩国等，在经过系统性经济、金融危机的冲击后，市场主体被迫调整并逐步适应新的宏观环境，在相对较低的增长水平上实现了新的均衡。如图2所示。

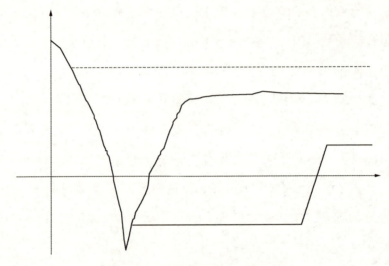

图 2　中高速增长、危机与陷阱

为什么大多数追赶型国家在增长阶段转换期都会发生系统性危机呢？这主要是因为市场主体短期内难以适应宏观环境的趋势性重大变化。在高速增长阶段，当出现周期性经济下行时，由于市场需求扩张潜力巨大，企业可以通过自我调整等待下一轮高涨的来临，熬过了冬天，春天自然会到来；银行依靠信贷规模的不断扩张，在资产价格大幅攀升的过程中可以轻而易举地消化不良贷款；地方政府经营土地、加大基础设施投资，起到经济内在稳定器的作用。总体而言，高速增长阶段具有掩盖、消化、吸收矛盾和风险的内在机制。进入增长阶段转换期后，潜在增长率明显下降，原有景气循环周期被打破，风险消化机制不再继续有效，但市场主体行为并未及时调整。地方政府土地财政难以为继，企业接受沉没成本主动化解过剩产能的意愿不足，银行为避免当期贷款损失会极力支持劣势企业的生存和运转，金融资源配置效率下降，经济活力不足。这些问题和矛盾积累到一定程度，就容易诱发系统性危机。

"十三五"时期，中国经济发展既要成功跨越"中等收入陷阱"，又要守住不发生系统性经济金融危机的底线，其目标则是要在中高速增长的新平台上保持稳定发展（图2中点线所示）。从中国经济运行的实际状况看，随着经济增速逐步放缓探底，有可能进入各种风险不断积累并集中释放的时期。金融系统、产能过剩、房地产库存、地方债务等风险点明显增多，并可能交叉传染，增大发生风险的概率。与此同时，国际经济和地缘政治风险与国内风险因素相互交织叠加，还将使面临的挑战更加严峻。

值得注意的是，当前中国经济减速，具有趋势性和结构性特点，不同于一般的经济周期波动。这种减速是内外发展条件和中长期因素共同作用的结果，也是中国实现发展方式转变和打造经济升级版的现实需要。同时，这种减速不会是断崖式的，中国经济仍有保持中高速增长的多重有利条件。首先，从人均GDP看，中国只相当于全球平均水平的2/3，尚不足美国的1/7。这说明中国还是发展中的追赶型国家，经济发展的潜力依然巨大，保持经济稳定发展和持续提高居民收入水平，仍是中国政府面临的一项长期任务。其次，中国工业化、城镇化任务尚未完成，地区差距和城乡发展不平衡等问题突出，让市场在资源配置中发挥决定性作用和更好地发挥政府作用的体制机制尚未建立，改革开放释放红利的空间依然巨大。2.47亿进城农民工需要转变为与其他城市居民享有同样权利的市民，6000万农村贫困人口需要彻底脱贫，数百万居住在城市棚户区的居民需要新的家园，这都蕴含着巨大的发展空间。再次，中国每年有700万左右的大学毕业生，有良好的基础设施和产业配套能力,在航天、生物、新能源、信息技术等领域的创新能力不断提高,新的竞争优势正在逐步培育、形成。新优势与巨大潜力相结合,一定会释放出新的活力与动力。

三、全面建成小康社会的目标有望如期实现

中国经济发展进入结构深度调整和新旧动力转换的关键时期,如果能避免系统性风险,则中高速增长的阶段性底部有望在2016～2017年出现,此后经济增速会略有回升。"十三五"时期,中国经济发展可能呈现前低后高的走势,全面建成小康社会的目标有望如期实现。

从需求面看,出口在波动中保持低速增长。在加入WTO以后的十年(2002～2011年)中,中国出口年平均增长23%,对拉动制造业投资、增加城乡居民收入、促进经济增长等方面均发挥了重要作用。国际金融危机后,全球经济格局发生重大变化,中国传统的低成本、低价格的竞争优势逐渐削弱,出口增速趋势性变化引起的调整持续至今。2015年,出口负增长1.8%。随着大宗商品价格逐步企稳,2017年后出口增速有望略有改善。消费增速呈小幅下降态势。随着经济减速和劳动生产率增长放缓,城乡居民收入增速将有所降低,住房、汽车消费带动的增长效应也在减弱。考虑储蓄率较高、物价下行以及信息、旅游、文化、健康等消费的持续较快增长等积极因素,社会消费品零售总额的实际增速回落幅度有限。投资仍将是主导需求变动的关键变量。2015年,固定资产投资仅增长10%,出现21世纪以来首次低于社会消费品零售总额增幅的情况。从发展趋势看,基础设施投资增长仍略高于财政收入增长,但受回报率和融资模式限制,增幅逐渐

放缓的态势难以改变；在房地产和出口带动下，制造业投资和其他类投资有望在2017年后企稳并小幅回升。

从供给面看，由劳动年龄人口和劳动参与率共同决定的有效劳动供给，将从2016年开始下降。受投资增速下降影响，资本形成的增速将进入个位数时代。在创新要素积累和结构性改革推进的支撑下，全要素生产率（TFP）增速开始止跌并出现小幅回升，由目前1.3%左右逐步回升至2%左右，成为供给中的积极因素。

综合考虑需求面、供给面和中长期变化趋势，在改革有序推进和风险可控情景下，基于国务院发展研究中心（DRC）季度模型和可计算一般均衡模型，初步预计2016~2017年有望成为阶段性底部。从增长动力看，消费、服务业和全要素生产率对经济增长的贡献将明显上升。在需求结构中，最终消费对经济增长的贡献将大幅度提高。2015年达到66.4%，比上年提高15.4个百分点。从产业结构看，服务业占比将稳步上升。2012年第三产业增加值占GDP比重首次超过第二产业，2015年占比首次超过50%，日益成为经济增长的主要来源。总体而言，投资、出口和工业驱动增长的模式渐行渐远，而依靠服务、消费增长和效率提升支撑的模式越来越近。

"十二五"（2011~2015年）期间，中国实际年均经济增长达到7.8%，略高于7%的预期目标。要实现2020年GDP比2010年翻番的目标，"十三五"时期，年均经济增长需要达到6.5%以上。需要指出的是，这并不是要求"十三五"每年经济增长都达到6.5%以上，也并不是要求每一个地区都保持这一增速。经济运行在高涨、衰退、萧条、复苏之间循环往复周期波动，只要5年平均增速达到6.5%以上，前低后高，退一步进两步，并不影响全面建成小康社会目标的实现。同时，中国是一个发展极不平衡的大国。北京、上海等地区第三产业增加值占 GDP 比重已达到 70% 左右，由服务业生产率增长总体低于制造业的规律决定，经济减速不可避免。而广大的中西部地区正处在工业化、城镇化快速推进的阶段，经济增速则可以达到更高水平。

四、"十三五"时期宏观经济政策取向

增长阶段转换的本质是实现供给、需求在总量和结构上的再平衡。国际金融危机后，需求侧增速在宏观管理下平稳回落，在结构升级中逐步接近新的均衡水平。供给侧受高增长思维惯性、地方保护主义、银行市场化改革不到位等因素影响，调整速度缓慢，与需求侧之间形成明显缺口。尤其是重化工业需求收缩力度大，产能过剩严重。由于大量过剩产能不能有效退出，供大于求导致竞争日趋激烈和工业品出厂价格持续负增长，企业利润滑坡，债务负担加重，出现了类似于大萧条时的"债务通缩螺旋"。这一状况表明，产能过剩已经成为经济运行中的"恶性肿瘤"，必须痛下决心施行"外科手术"。

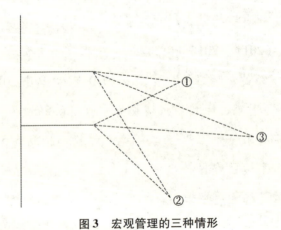

图3　宏观管理的三种情形

"十三五"时期，宏观管理需要重视供给与需求的有效结合，在

保持总需求基本稳定的同时,转向以供给调整和结构改革为主,努力争取图3中的第三种情形。

需求政策的作用主要是保持总需求的相对稳定和适度扩张,防止经济出现短期断崖式下滑,为结构改革创造良好的宏观环境。同时,要注意避免在需求管理中进一步加重本已失衡的经济比例关系。经济下行既是挑战,更是动力转换和经济转型的机遇,要十分珍惜和紧紧抓住经济下行中推进市场出清、资产重组和风险释放的机会。有人建议采取大力度刺激措施,让需求重新回到与供给相适应的水平,实现短期"V"形反弹,如图3中的第一种情形。由于GDP规模、政策空间和运行机制已明显不同于2009年,且近年来宏观政策的边际效应持续递减,需求增速已经不可能回到高增长的轨道。也有人建议政府放弃需求管理政策,则可能出现图3中的第二种情形,经济增速大幅回落和系统性经济、金融危机难以避免。

政策着力点应放在加大供给侧调整力度上,引导过剩产能(主要是违规、低效产能)逐步退出,充分发挥政府与市场的合力,促进兼并重组和优胜劣汰。供给侧压缩产量和减少产能,并通过结构调整、升级,达到与需求侧相适应的新水平,市场出清和价格企稳,企业盈利能力逐步恢复,经济运行的质量和效益得到改善,才能实现转型再平衡。供给侧结构性改革强调的是,用改革的办法推进结构调整,矫正要素配置扭曲,提高供给结构对需求变化的适应性和灵活性,提高全要素生产率。供给侧结构性改革应包含以下要点:第一,从三次产业看,需要推动相关领域改革,以转变农业发展方式和推进农业现代化,建设制造业强国,加快服务业发展;第二,从当前面临的突出矛盾看,要消除体制机制障碍,让僵尸企业入土为安,促进实物资源、信贷资源和市场空间向优势企业和新兴产业集聚;第三,要深化改革,发挥市场的决定性作用，促进供给结构调整，与不断优化的需求结构，尤其是快速升级的消费结构相适应；第四，要推进供给改革创新，激发供给侧活力，不断创造出新技术、新产品、新业态，以创造新的需求。

余 斌

2016 年 6 月 12 日

目 录

宏观调控理论创新与机制变革

一、国际金融危机后的宏观经济政策：反思与探索

（一）主要经济学派对国际金融危机根源的解释

2008 年爆发的国际金融危机导致了严重的经济衰退，8 年过去了，世界主要发达国家的经济仍未走上明确复苏的道路。正因如此，各主要经济学派对此次危机爆发的根源给出了各自不同的解释。

凯恩斯学派认为，与大萧条一样，此次国际金融危机也是源自有效需求不足，但大萧条主要是消费需求不足（凯恩斯，1936），而此次主要是私人部门投资需求不足（斯基德尔斯基，2009）。

货币学派认为，此次国际金融危机爆发主要是中央银行货币政策不当导致的，如果央行在危机爆发前更早、更快地提高官方利率和降低货币供给，在危机后更快、更大幅度地降低官方利率和增加货币供给，那么危机就不会爆发（Friedman 和 Schwartz，1963；Goodhart，2010）。

奥地利学派认为，危机的爆发不是凯恩斯学派认为的市场自身的缺陷，而主要是政府对市场的不当干预导致的。政府在危机前实施的扩张货币政策造成了长期的资源错配，危机和衰退是市场对资源错配的必要调整，而不是凯恩斯学派认为的市场自身的缺陷（罗斯巴德，1963；Carilli 和 Dempster，2008）。

马克思主义理论的研究者认为，此次国际金融危机爆发的根源在于资本主义制度的固有矛盾——生产的社会性和生产资料的私人占有之间的矛盾，并且垄断企业"调量不调价"的应对措施阻碍了市场正常的自发调整，最终会将初始的经济危机拖向严重的经济萧条（Geier，2008）。

日本学者辜朝明（Koo，2008）在凯恩斯学派理论的基础上，对此次危机提出了"资产负债表衰退"（Balance Sheet Recession）解释，认为危机爆发和经济衰退是由于资产泡沫破灭后，企业从之前的过度扩张变成了资不抵债，经营目标从危机前的"利润最大化"转为"负债最小化"，以修复受损的资产负债表和尽快走出技术性破产的境地，却造成了合成谬误（Fallacy of Composition），即危机的爆发和经济的衰退。

吴敬琏（2009）认为此次金融危机爆发的原因来自于美国深层的结构问题，并将其概括为三个层次。首先，"布雷顿森林体系"的瓦解使世界货币体系成为由不受约束的美元所主导的体系；其次，美国经济内部结构失衡，储蓄率过低，依靠美元的特殊地位向全世界借债以维持消费和投资；最后，美国长期实行的宽松的货币政策支持美国资本市场的繁荣，也形成了巨大的泡沫。美国这种脆弱的经济结构一旦受到某种冲击（次贷）就引发了世界体系的系统性危机。

此外，金融监管方面的缺陷也被认为是此次国际金融危机爆发的重要原因，其中监管政策的放松为危机的爆发提供了土壤，一些领域的监管真空导致了风险的不断积累，监管标准不一致引发了监管套利，削弱了监管效力（中国银监会课题组，2013）。

（二）经济学界和政策当局对宏观经济政策的反思与探索

在此次国际金融危机爆发后，国际货币基金组织连续多次组织世界主要国家的经济学家对宏观经济政策进行了反思（Blanchard 等，2010），世界各国为应对危机和刺激经济进行了积极探索。总的来看，这些反思和探索可以初步总结为以下几个方面。

一是稳定物价水平是宏观经济政策的重要目标，但并不充分。此次危机发生前，世界主要国家的宏观经济政策都致力于维持稳定的通胀率。但是一方面，通货膨胀，甚至是核心通胀稳定的同时，产出缺口仍有可能变化，二者存在不一致；另一方面，通胀和产出缺口都稳定的同时，可能会出现资产价格泡沫，从而引发宏观经济调整。

二是低通货膨胀限制了货币政策的效力，刺激经济复苏需要积极财政政策配合。随着 2008 年危机的爆发、总需求的崩溃，大多数国家的中央银行迅速采取措施将政策性利率下调至接近零。但受零名义利率的制约，各国中央银行无法再进一步调低利率。这意味着，与不存在有约束力的零利率边界时的情况相比，我们需要更多地依赖财政政策和更大的财政赤字。这是凯恩斯学派一直强调的，也是危机后辜朝明"资产负债表衰退"理论给出的应对之策。

三是逆周期财政政策是一项重要的工具，危机前的财政盈余非常重要。由于以下两方面的原因，此次危机使得财政政策再次成为重要的宏观经济政策。一方面，货币政策不管是信贷放松还是货币供应量的放松都已基本达到了极限，除了财政政策之外别无选择；另一方面，衰退持续时间较长，即便财政政策的效应存在滞后，但仍会在应对衰退上产生积极效应。与此同时，各主要发达国家的政策实践表明，危机之前维持一定程度的财政盈余非常重要。部分陷入危机的发达国家持有大量债务和无资金准备的负债（unfunded liabilities），因此运用财政政策的能力有限。相反，其他许多新兴市场陷入危机时的负债水平较低，能够采取更加积极的财政政策，而不用担心财政可持续性出问题或突然难以为继。

四是金融监管政策影响经济金融运行，是对宏观经济政策架构的重要补充。随着危机后宏观经济理论研究的不断推进，金融体系对宏观经济影响的"非中性"得到了越来越多的支持。与此相一致的是，金融监管政策在宏观经济调控中的作用也得到了更多更深的认识。此次国际金融危机爆发前，监管放松、监管不足、监管套利对美国房价下跌演变为国际经济危机起到了推波助澜的作用。与此同时，旨在确保单个金融机构稳定的微观审慎监管并不足以维持整个金融体系的稳定，危机爆发后纯粹的微观监管规则甚至会与维持整个金融体系稳定的目标背道而驰。正因如此，此次国际金融危机爆发后，FSB、巴塞尔银行监管委员会等国际金融监管组织、世界各国等研究制定和改革实施众多金融监管规则，最为重要的是宏观审慎监管正式进入政策实践，金融监管与货币政策、财政政策在维护金融体系稳定、推动宏观经济增长等方面的协调配合，也得到了更多的重视。

二、我国宏观调控环境发生转折性变化

国际金融危机后，我国经济发展呈现出不同以往的新趋势和新特点，宏观调控环境发生转折性变化。

（一）供求条件发生变化，需求管理效应减弱

首先，需求扩张空间缩小。一是出口拉动作用减弱，增长低速企稳。受国际金融危机的冲击，世界经济增长进入低迷期，外部需求空间相对收缩。同时，我国传统的低成本、低价格的竞争优势逐步削弱。二是高投资难以为继。传统工业领域已经相对饱和，产能过剩突出，投资效率持续走低；房地产市场出现趋势性调整；基础设施投资虽然尚有空间，但主要架构基本完成，投资率峰值已过。三是消费结构升级加快，集中爆发力减弱。以住宅、汽车为主要带动力，排浪式的消费时期正在结束，而以追求个性、高品质、安全、健康的新消费需求开始出现。

其次，供给条件发生深刻变化。一是劳动力供给格局变化。从2012年开始，我国劳动年龄人口开始降低，"十三五"期间将维持年均减少200万的态势。二是资本投资效率下降。近年来，我国增量资本产出率持续走高（2014年已达到4.7），资本投资回报率持续下降。三是全要素生产率（TFP）增速下降。从1978～2008年，我国TFP年均增长达到3.7%。2009年以后增速明显回落，2009～2013年平均增长率仅1.6%。另外，资源环境约束硬化、强化。

再次，资源配置方式和总需求管理政策面临调整。作为后发国家，由于先行国家有成熟的经验、技术和产业发展道路可供直接学习借鉴，与适当的政府资源配置力相结合，就可以释放出巨大能量。但随着我国不少领域已经接近世界前沿，现成的技术和经验越来越少，产业发展方向不再清晰可见，需要更好地发挥千千万万市场主体的创造性和试错能力。在这样的背景下，政府配置资源的优势就会大打折扣。同时，在快速追赶期，市场供求总体呈需求大于供给的格局，需求管理政策效果明显。目前进入供过于求状态，需求政策效果自然减弱，

供给创造需求的紧迫性则明显增强。

（二）经济运行风险积累，政策操作空间压缩

当前，我国经济面临的主要风险包括外部风险、人口老龄化风险、产业风险、财政金融风险等，各领域风险相互交织，其中产业领域风险属于微观层面风险，财政金融风险属于中观层面风险，而外部风险、人口老龄化风险属于外生风险，外部风险直接影响出口，人口老龄化风险直接关系财政可持续性。这些风险通过各种风险传导路径，最终都会反映在整体宏观经济运行上，影响经济增长速度和物价走势。

外部风险包括地缘政治冲突、国际金融危机、海外经济安全等，主要通过外部需求和风险传染影响经济增长。除重点关注希腊债务危机和主要国家债务风险外，"一带一路"战略与全球政治"不稳定之弧"存在交叉和重叠，以输出方式化解国内过剩产能不能以阻碍产业结构调整升级为前提。

人口老龄化风险将导致我国劳动力短缺，养老金收支缺口和养老金结余投资不足问题更加突出。老龄化将直接减少储蓄，降低经济活力和创新力。养老金投资不足将侵蚀养老保险可持续运营能力，养老金收支失衡可能会导致社会不稳定。

产业风险包括粮食风险、产能过剩风险和房地产泡沫风险三个方面。最大的粮食风险不是减产，而是统计虚报和倒卖储备粮、出租粮仓等投机套利行为。考虑到金融炒作和互联网传播的推波助澜，粮食风险的影响不可小视。房地产泡沫已较大，中小城市供过于求、购买力不足等，使风险更加突出。房地产泡沫破裂会直接拉低经济增速，降低居民消费，影响地方政府收入和债务偿还，并大幅增加银行不良贷款。化解过剩产能有可能通过产业链和债务链条引发上下游企业大

面积倒闭，带来失业，也会减少地方政府财税收入。

财政金融风险包括地方政府债务风险、财政可持续风险和金融风险三个方面，主要通过财政支持力度和金融服务能力影响经济增速。融资平台偿债压力大，债务透明度差，高度依赖土地出让收入，财政风险爆发还会增加银行不良贷款。随着经济增速下滑，财税收入下降更快，养老、医疗、教育和环保等支出存在刚性，财政可持续面临挑战。银行不良贷款和不良率从"双降"转为持续"双升"，并仍在快速暴露；影子银行面临较大流动性风险，且风险爆发容易传导银行表内；互联网金融和民间借贷等监管不到位，虽规模小，但风险影响不可小视。

（三）传统政策框架面临根本性挑战

在传统的菲利普斯曲线框架中，失业率与通货膨胀往往是一种此消彼长的关系，也是判断经济体是否存在产出缺口、实施相应宏观政策的基础。失业率持续走低、通货膨胀走高，往往是判断经济偏热、经济运行已经处于潜在产出之上的重要依据，反之亦然。就处于转型期的我国而言，目前就业压力总体不大，调查失业率基本稳定，劳动力市场数据显示求人倍率持续上升，总体呈现供不应求的状况。如果依据传统框架，我国目前应该不是经济下行压力问题，而是存在正的产出缺口，也就是说 GDP 的潜在增速应该在 7% 以下了。但从价格数据看，PPI 长期持续负增长，GDP 平减指数也为负，则说明经济运行存在负的产出缺口，实际经济增速应该在潜在增速下方了。因此，在转型时期如何确定宏观调控的"锚"，变成了一个十分严峻的现实挑战。目前对潜在经济增速的各种理论分析，尚无法解释追赶后期经济短期快速下滑的机理，这本身既是当前我国面临的重大现实问题，也是尚未构筑清晰框架的理论问题。

三、新形势下宏观调控目标面临重大调整

我国经济逐步呈现出与高增长时期不同的运行规律和特点，宏观调控目标与经济实际表现、目标间协调关系等均出现明显变化。这些变化是经济跨入新阶段、寻求新平衡的直接反映，需要根据新的形势，调整总量目标确定的思路，更加关注经济增长的质量和效益，在优化经济结构和保持平稳增长之间取得平衡。

（一）宏观调控总量目标间协调难度加大

1. 保持宏观平衡所能支撑的 GDP 增速下降

从供给条件和需求空间看，支撑经济高速增长的因素正在发生变化，潜在增长率已出现下降。2012 年，我国劳动年龄人口出现改革开放以来首次下降，低劳动力成本优势正在逐步削弱。主要矿产资源对外依存度逐年提高，土地供给紧张，数量约束增强，价格持续上涨。环境、生态压力加大，重大环境污染事件时有发生。企业环境治理成本增加的同时，不少地区还缺少进一步发展的环境容量，温室气体减排等措施也增加了经济整体运行成本。随着技术水平的提高，我国通过引进、消化、吸收现成的先进技术，快速提升全要素生产率（TFP）的空间在变小。出口空间受到发达国家与发展中国家的双重挤压，对经济增长的拉动作用明显降低。这些宏观环境的改变，打破了原有的增长平衡。在不提高杠杆率、制造泡沫、保持商品和资产价格稳定可控、不影响汇率制度改革和人民币国际化进展的前提下，经济增长目标需要适当下调，以反映经济潜在增长率的要求。

2. 资产价格膨胀的风险加大，保持价格稳定的压力增加

近两年，在过剩产能和国际原材料价格下降等因素的综合影响下，我国 CPI 涨幅回落至 2% 左右，PPI 持续负增长，通缩压力有所加大。然而，与高增长时期相比，价格大幅波动的可能性在增加。

从供求关系看，虽然需求有所收缩，但除了工业原材料之外的生产要素成本价格上涨较快。我国劳动力成本每年涨幅超过 10%，基础农产品价格超出国际市场 50% 左右。即便是经济处于紧缩状态，生产要素成本上涨的趋势也没有明显缓解，未来将对价格上涨带来压力。

从货币供应看，2014 年年底我国 M2 与 GDP 之比高达 193%，超量供应的基础货币成为价格上涨的重要推动力。一旦经济景气周期转好，货币流通速度加快，物价很可能以较快的速度上行。

在关注物价涨幅的同时，宏观调控必须对资产价格上涨带来的风险有所警惕，防止经济泡沫化带来的不良影响。在剔除可售型保障性住房后，2013 年 35 个大中城市房价收入比均值为 10.2，远高于普遍认为的 6~7 的安全水平。由于收入统计问题，有扭曲我国房价收入比的可能性。然而，房屋的空置率、存货等数据反映房地产市场已经存在资产膨胀的情况。2014 年下半年以来，由于实体经济不景气，大量的资金进入股票市场，通过各种杠杆的放大，股指快速上扬，日交易量创下新的世界纪录。即便是考虑到发展中国家市场潜力带来的溢价，我国的市盈率等指标也超过国际通行的标准。

3. 经济增长的就业带动力增强，但结构性失业成为主要矛盾

随着我国经济总量持续扩大，服务业占比逐步提高，GDP 每增长一个百分点提供的就业岗位由 2010 年的 110 万个提高到 2014 年的 170 万个；求人倍率从 2010 年的 1.01 上升到 2014 年 1.12；农民工的工资以每年超过 10% 的速度上升，说明劳动力市场总体上正转向供不应求的局面。在就业总量压力降低的同时，结构性失业问题比较突出。产业升级、技术水平提高对高素质劳动力的需求增加，但农民工占比较高的劳动力供给短期内难以相应改变。过剩产能调整过程中，矿业、制造业原有工人难以适应新的就业岗位，存在隐性失业问题。大学盲目扩招的同时，教育质量提升不够，专业设置与实际需求不相符的情况比较严重，大学生就业问题较为突出。

4. 国际收支平衡的压力加大

2012 年以来，我国出口增速回落至 10% 以下，与改革开放以来平均超过 20% 的增速形成明显的对比。虽然我国出口商品在全球市场中的份额仍持续上升，但与我国 GDP 全球占比的情况相比，相对增速在下降。2011 年之前的十年，我国出口占全球市场的份额一直超过 GDP 的全球占比。2012 年，GDP 占比份额首次超过出口，说明相对于 GDP 占比提高，我国出口竞争力已有所下降。

由于国内生产成本上升，我国对外商直接投资的吸引力有所下降。我国在全球 FDI 中的份额由 2012 年的 9.1% 下降到 2013 年的 8.5%。一些外商直接投资项目开始向成本更低的东南亚、印度、墨西哥等地转移。2012 年，我国吸收 FDI 是印度的 5 倍，而到 2013 年此值下降到 4.4 倍。

2014 年我国外汇储备的增量比 2013 年下降 3100 多亿元。据外汇管理局统计，波动性较大的资本，在 2012 年和 2013 年流出量均达到 3000 亿元以上。如果考虑到贸易项下还存在巨额顺差的话，资本流出总量还要翻倍，这在改革开放以来还是极为罕见的。由于我国 FDI 存量达到 9567 亿美元，随着经济增速下降，国内投资和盈利机会减少，外商直接投资企业的利润汇出以及资金的撤离对国际收支平衡的冲击将会增加。此外，如果人民币升值进程结束，获利热钱流出也会对国际收支带来冲击。

（二）优化经济结构与宏观总量目标间的矛盾加剧

1. 提高消费率的同时，保持中高速增长的难度较大

进入新常态，消费对经济增长的拉动作用日益增强。伴随积累率下降，如果不能在有限生产资源上实现更高的产出和收入增长，消费增长就不可持续。1990 年以来，最终消费支出对 GDP 增长的贡献和GDP 5 年移动平均增速，两者间存在明显的交替关系，即消费贡献增加的时候，GDP 增速就处于低位。发达国家消费率一般在 70% 以上，其经济增长维持在 3% 左右。提高消费在经济增长中的贡献，需要与经济内生增长动力的培育协调起来。用更少的投资带来更高的收入增长，需要消费率的提高与增量资本产出率的变化相协调。

2. 提高企业生产效率可能对就业总量和结构带来影响

"机器换人"是提升制造业生产效率的重要途径。据有关国际机构统计，2013 年我国已超越日本和美国，成为工业机器人的最大采购国。这也是应对劳动力成本不断上升的必然选择。然而，机器替代劳动力会造成大量工人失业，生产效率提升和保障就业间的矛盾将更加突出。由于制造业与服务业对劳动力的需求存在差异，制造业升级导致的劳动力失业再就业比较困难。同时，由于农民工年龄结构中 40 岁以上的比例持续提高，这一部分人掌握的技能较差，难以适应自动化生产的需要。

3. 增加劳动者报酬可能降低投资率，进而降低经济增速

按新剑桥学派的观点，主要依靠投资拉动的经济，其劳动者报酬会自然降低。为更多依靠消费拉动经济，需要增加初次分配中劳动者的报酬。这就意味着利润收入降低，进而投资的增速会下降，引起

GDP 增速下行。1990 年以来的数据显示，我国 GDP 增速和劳动者报酬占比存在一定的负相关性。如何在潜在增速下行的背景下，提高劳动者报酬而又不伤害到 GDP 的增长，是我国提高居民收入需要面对的重要挑战。

4. 国际化水平提高，可能影响国内经济增长和价格稳定

国际金融危机主要通过外部需求收缩途径对我国经济构成冲击。然而，随着国际化水平提高，国际经济波动对我国经济的影响途径更加多元化，程度也更强。"走出去"、国际产能合作等措施以及利率、汇率市场化水平提高，加大了国内经济与国际经济联系的程度。去年下半年以来，国际原材料价格下降对国内经济短期波动就造成明显影响。与此同时，我国经济对全球经济运行的影响程度也在提高。我国货币、财政政策对于全球经济金融市场运行的影响越来越大。在保持国内经济稳定的同时，提高国际化水平，需要正确认识我国与全球经济运行相互影响机制、程度，同时也要求提升我国的宏观调控能力。

四、改善宏观调控的关键在于理顺政府与市场的关系

国际金融危机爆发时，我国经济也处于增长阶段转换的关键时期，经济增长动力从要素驱动、投资驱动向创新驱动转换。以创新为导向的经济发展方式必然要求一个全新的宏观调控体系与之相适应。健全宏观调控体系、提高宏观调控水平的关键在于，进一步理顺政府和市场的关系，建立"有效的政府和有效的市场"，使政府与市场在促进经济平稳运行中各尽其能、合理搭配，切实实现"使市场在资源配置中起决定性作用和更好发挥政府作用"。

（一）现阶段我国宏观调控存在的主要问题

我国宏观调控不同于西方发达国家的宏观经济政策。虽然自改革开放以来，加强和改善宏观调控已经成为宏观经济运行的一项日常工作，但事实上，我国至今尚未在理论上形成一个科学、有效的宏观调控理论框架，实践中也存在着诸多操作误区，致使政府与市场的关系在宏观调控领域严重扭曲，主要表现在以下几个方面。

第一，宏观调控被泛化。经过多轮经济过冷和过热，在不断强化宏观调控的过程中，宏观调控已经变成了一个包罗万象的"筐"，什么都往里面装。从国家的发展战略到部门的产业政策，一直到企业的关停并转，宏观调控无所不包、无处不在，覆盖越来越广，责任越来越重，目标越来越多。

第二，宏观调控微观化。宏观调控本应从国民经济全局出发，关注经济总量变化。企业的微观经营则应交给市场，由价格机制进行调节。然而，由于受传统计划经济惯性思维的影响，宏观调控往往容易渗透到微观层面，深入到企业内部，直至干预到微观主体的日常经营活动。

第三，宏观调控行政化。市场经济条件下的宏观调控本应遵循市场规律，依靠价格机制，因势利导，顺势而为。但在我国的宏观调控实践中，往往习惯于传统计划经济的调控方式，严重依赖行政命令，如物价上涨过快时就通过行政命令直接进行限价，导致市场信号扭曲。

第四，宏观调控结构化。宏观调控本应为总量调节，通过收紧或放松财政收支和货币供给达到平滑经济波动的目的。然而在现实中，宏观调控被赋予了结构调整的重要使命，不仅要调整产业结构、地区结构，甚至还要调整收入结构，导致宏观调控不得不依靠行政手段，实行微观干预。

第五，宏观调控直接化。在西方发达国家，宏观经济政策主要是借助税收、利率等杠杆进行间接调节。但在我国，宏观调控大多是采取数量手段进行直接干预，价格等手段往往被搁置在一边。

除此之外，随着世界经济一体化以及我国经济对外开放度的不断提高，如何在开放条件下进行有效的宏观调控，我们不仅缺乏丰富的实践经验，而且缺乏科学的理论指导，更缺乏有效的政策手段。

（二）新形势下宏观调控在政府作用中的重新定位

党的十八届三中全会决定提出，要"使市场在资源配置中起决定性作用和更好发挥政府作用"。对宏观调控而言，就是要尊重市场规律，依靠市场机制，维护市场秩序，让市场在资源配置中起决定性作用。所谓"更好发挥政府作用"，就是要在监督信息披露、矫正信息不对称等方面充分发挥政府的积极作用，以便使市场机制的作用得到更好发挥。为此，有必要重新调整政府职能分类，进一步明确政府职责以及宏观调控在政府职能中所处的正确位置。

为了更加清晰地表述政府职能，根据其职能属性，将政府职能概括为三大类，即管理、服务、保障三大职能。

在管理职能方面，主要包括经济管理、社会管理和文化管理。其中，经济管理主要包括（公正的）市场监管、（间接的）宏观调控以及（有限的）国有资产管理；社会管理主要包括户籍管理、社团管理、收入分配（包括一次分配、二次分配和三次分配）；文化管理主要包括新闻、出版、文艺。

在服务职能方面，主要包括教育、医疗、就业。其中，教育服务主要包括义务教育、高等教育、职业教育；医疗服务主要包括公共卫生、医疗救治、养老养生；就业服务主要包括职业介绍、岗前培训、最低工资。

在保障职能方面，主要包括安保、社保、环保。其中，安全保障主要包括国家安全、社会治安、司法法律；社会保障主要包括养老保险、医疗保险、失业保险；环境保护主要包括水资源保护、空气污染防治、土壤污染防治。

进行重新分类之后，政府在不同职能中所扮演的角色就显得更加清晰。在管理职能方面，政府更多的是扮演"教练员"的角色，主要是对各类经济人、社会人、文化人提供必要的技术指导和帮助；在服务职能方面，政府更多的是扮演"运动员"的角色，主要提供最基本的公共产品和公共服务，但又不是唯一的服务提供者；在保障职能方面，政府更多的是扮演"裁判员"的角色，主要是为维护秩序和公平提供必要保障，重点是对老弱病残等弱势群体提供基本保护。

通过重新分类，宏观调控在政府职能中不再是一级标题，而是三级标题，属于管理职能之下的经济管理职能之中的一部分职能，而非经济管理职能的全部，更非政府职能的全部。而过去多年，各级政府几乎把全部精力都放在了宏观调控上面，结果导致该管的事情没有管好，也没有时间和精力去管。重新分类之后，有助于政府把更多的精力放在提供公共服务和各种保障职能上，也有助于更好地区分宏观调控与其他职能，防止宏观调控职能被泛化。

五、有关改善宏观调控的若干政策建议

（一）完善调控目标，调整政策取向

1. 关注宏观调控目标和内涵的变化

新形势下，虽然宏观调控的基本要求没有发生变化，但是同样的

调控目标，其内涵与关注的重点已经发生变化。

提高预期目标的可接受范围。高增长时期，增长机制相对稳定，从总需求变化、各行业增长、政府支出等因素能够相对准确地预计未来宏观经济运行情况。然而，进入新常态，增长机制、增长动力正在发生变化，增长目标受预期、需求、国际冲击等不确定性因素影响的敏感度增强。增长预期目标的具体数值，对经济运行的引导作用与过去已经有所不同。总体来看，在增长阶段转换期，无论是 GDP、物价还是进出口，作为一个预期性指标，所包含的概率分布范围应该更广，社会对于其最终实现值的离散程度的接受度也应提高。

地区间增长机制差异变大，全国目标对地方的指导性降低。高增长时期全国各地的增长动力基本一致，增长绩效趋同，全国性宏观指标对于各地的指导意义较强。处于增长阶段转换期，经济结构调整、动力转换在各地推进的难度和进程不尽相同，各省经济运行情况差异较大。因此，全国性指标对于各个地方的指导意义就会发生较大变化。

目标的内涵和重点方向发生变化。由于潜在增速下降，近年保增长的压力要高于以往。同样的经济增速目标过去可能倾向于设定得偏低，以防止地方层层加码，当前可能稳定预期的成分就会较多。实现经济增长目标，过去可能重点关注需求侧的变化，当前可能需要更多地关注供给侧的情况。过去物价稳定的压力主要在商品和服务价格，而目前资产价格的影响在加强。在总量相对稳定的同时，结构性失业的问题成为稳定就业的重点。

2. 适应新变化，调整宏观调控的政策取向

面对调控目标间的变化和矛盾，宏观调控的政策取向、目标设定、操作重点和思路等，需要做出相应的调整。

供需条件变化和资源环境约束降低潜在增长率，宏观调控目标在更加关注增长质量的同时，也应高度警惕增长下行过快可能带来的各种风险。新阶段，在确定宏观调控增长目标时，应当更多关注效益性指标。只要企业盈利增长平稳、就业总体压力不大、金融财政风险没有恶化、增长质量有效提升，预期目标定得低一点并不会耽误长远的发展；相反，如果速度定得过高，则可能对结构转换、风险控制均带来不利影响。克服高增长时期形成的思维惯性，需要注意两种错误倾向。一种是没有认识到增长阶段转换的全局性影响，通过透支增长潜力、扩大泡沫的方式将本区域经济增速推高，最终引起新的产能过剩和风险累积。另一种是虽然认识到潜在增速的变化，但对增速下行可能带来的风险隐患未能引起足够重视，一旦风险爆发就会措手不及，甚至惊慌失措。

经济发展目标间平衡难度加大，需要创新宏观调控方式，实施科学调控。当前既需要面对化解过剩产能的压力，又需要通过市场机制培育和发展新产业。财政货币政策过紧，可以相对加快过剩产能的淘汰速度，但又会影响新产业发展的需求动力和资金供给；政策过于宽松，落后产能、低端产业升级改造的压力又会不足。新阶段，潜在增速下降、生产要素价格上升、人民币面临升值压力，提高经济增速和平抑物价的矛盾将会更多显现。资源环境约束加剧，经济发展和生态保护间的矛盾更加凸显。面对经济发展和运行目标间的矛盾，需要更多地采用差别化、精准化的调控手段，发挥其非对称的或者是局部性的调控作用。同时，也需要统筹使用各种调控手段，发挥政策组合效应，不断提高宏观调控有效性。

宏观调控需要更加关注供给侧的政策措施。高增长阶段，面对广阔的国际和国内市场，企业只要将未充分利用的资源和生产要素组织起来投入生产，就可以获取丰厚利润和持续发展。国内外需求的扩张速度放缓后，经济增长的制约因素越来越转向供给侧，全要素增长率在促进增长中的作用日益提高。与发达国家相比，我国生产率提升的空间仍较大。提高生产要素的配置效率、提升高新技术研发、应用能力，将一步释放我国后发优势。在做好需求管理的基础上，宏观调控应更多关注供给侧效率和能力提升，在人力资本提升、知识产权保护、科技和创新等方面加大投入和支持力度，切实将增长的驱动力更多转换到创新上来。

市场竞争加剧，优胜劣汰增多，宏观调控应树立风险意识和底线思维。新技术、新产业蕴藏投资新机遇，但技术路线和商业模式选择也暗藏着风险。国际市场增速放缓，部分外向型企业将更多产品投向国内市场，市场竞争加剧。传统产业高速扩张期过后，通过整合产业链，提高生产集中度和经营效率的趋势越来越明显。伴随优势企业成长，被淘汰企业的不良贷款、员工失业等问题增加了经济社会稳定运行的压力。实施宏观调控时，应积极化解各类风险，通过局部风险的有序释放保持整体经济金融健康运行；应树立底线思维，防止就业状况恶化和风险集中爆发带来严重的经济和社会问题。

经济运行国际化水平大幅提高，宏观调控需要有全球视野和更强的国际经济政策协调能力。随着我国进一步开放以及人民币国际化、汇率市场化进程推进，国内外商品和资金流动将更加频繁。国内经济与世界经济互相影响的程度将加大，国际间宏观调控政策的协调越来越重要。作为占全球经济份额不断提高的第二大经济体，宏观调控中应有全球视野，加强与主要经济体的政策协调，实现经济增长的双赢和多赢。

（二）改革调控体制，实现科学调控

要改善宏观调控，当务之急还是要加快改革，只有有效推进宏观调控体制改革，才能从根本上消除宏观调控扭曲的体制性根源，之后才是宏观调控政策的调整。为适应变化迅速的国际国内环境，我国的宏观调控体制亟待进行重大改革，主要有以下几方面。

1. 加强统计部门的独立性

应将其脱离政府系列，归入人大系列，直接对各级人大负责，以避免各级政府对统计数据的人为干预，提高统计数据的可信度、提高调控依据的可靠性、提高政府行政的公信力。

2. 加强中央银行的独立性

应将其脱离政府系列，归入人大系列，直接对人大负责，以减少中央政府以及各个部门对货币政策的干扰，增强人民币币值的稳定性，防止通货膨胀或通货紧缩。

3. 加强审计部门的独立性

应将其脱离政府系列，归入人大系列，直接对人大负责，以避免政府对审计结果的人为干预，强化审计部门的问责力度。审计部门设置于政府系列之外，有助于提高政府的威信，宣示政府彻底反腐的坚强决心。

4. 做实货币政策委员会，规范货币政策决策机制

应将货币政策委员会从目前的咨询议事机构提升为决策机构，以实现货币政策决策的科学化和规范化，提高货币政策决策的透明度和权威性。为了提高货币政策的决策效率，有必要适当减少货币政策委员会的成员数量，并在货币政策委员会之下设立一个有专家学者和业内人士广泛参与的货币政策研究会，为货币政策决策提供服务。

5. 设立财政政策委员会，明确财政政策决策机制

为了规范和明确财政政策的决策机制，防止来自其他部门对财政政策的过度干预，有必要设立类似于货币政策委员会那样的财政政策委员会，作为财政政策的决策机构。至今，全世界已有 20 多个国家设立了财政政策委员会，我国应当积极跟进。

（三）加强国际协调，应对内外风险

1. 积极探索新的国际合作模式

随着我国经济占世界经济比重的不断增大，对世界经济的影响也愈发明显，我国不再仅仅是世界经济的参与者，而是要更加积极地参与到世界经济规则的制定中去。同时，我们必须注意到，随着我国经济的扩张，经济增长中的国际机会越来越多，但我们面临的外部风险也在逐步增大。因此，要在巩固国内市场与需求的基础上，积极探索新的国际合作模式，并在其中发挥主导地位和引导作用。当前正在推进的中韩、中澳自贸区、国际产能合作、"一带一路"等国际合作新模式以及大力鼓励跨境电商发展的政策，都是这方面的有益尝试。应加强对国际风险的识别、预警与防范，加强危机应对时的宏观政策协调。

2. 进一步提高开放程度

我国目前正处于转变产业结构与经济发展动力的关键时期，除了需要精细的顶层设计外，更需要市场的推动。提高我国经济的开放程度，进一步深化市场化改革，有利于激发经济活力，全面引入国外先进的技术与商业模式，提高全要素生产率。在加快推进资本账户、消除贸易壁垒以及扩大外商投资的开放程度的同时，加快国内的体制改革，增强风险防范能力。

3. 坚持人民币国际化的长期目标

人民币国际化是我国的长期国际战略，是我国各阶段对外宏观经济策略中都需要考虑的重要因素。除了进一步放开浮动汇率以及资本账户管制外，更应注重在国际经贸合作中积极推动境外项目中以人民币作为支付货币，推动境外人民币结算，有意识地加强人民币输出。如何在当前大力推动各项国际合作的同时，为将来人民币的国际化铺路搭桥，也是我们必须面对的现实问题。

执笔人：魏加宁　等

第一章

国内外宏观调控的理论与实践

一、宏观调控的概念

（一）"宏观调控"与"宏观经济政策"

"宏观调控"是具有中国特色的、用来诠释政府与市场关系的一个关键词。西方经济学中没有与宏观调控一词直接对应的术语，最为接近的是"宏观经济政策"（macroeconomic policy）。

市场经济中，对资源配置起基础性作用的是市场机制，但是由于存在市场失灵和市场局限，出于完善和补充市场配置功能的需要，现代市场经济国家在市场基础上衍生出了作用于经济活动的政府制度安排，即针对市场失灵的规制（regulation）和针对市场局限的宏观经济政策。市场规制主要目的是克服外部性、垄断等市场失灵，提高市场公平效率，维持市场秩序；而宏观经济政策则是通过调节宏观经济变量，以实现经济持续增长、充分就业、稳定物价、国际收支平衡以及改善收入分配等目标。成熟市场经济国家的宏观经济政策主要包括货币政策和财政政策。

（二）我国"宏观调控"概念的形成过程

宏观调控这一提法的形成经历了从"宏观调节"到"宏观控制"再到"宏观调控"的过程。

宏观调节正式提出是在 1984 年 10 月 20 日发表的《中共中央关于经济体制改革的决定》一文中。该文件指出，"越是搞活经济，越要重视宏观调节，越要善于在及时掌握经济动态的基础上综合运用价格、税收、信贷等经济杠杆，以利于调节社会供应总量和需求总量、积累和消费等重大比例关系，调节财力、物力和人力的流向，调节产业结构和生产力的布局，调节市场供求，调节对外经济往来，等等。"

1985 年 8 月 13 日，针对当时全国固定资产投资规模不断膨胀的情况，《人民日报》发表了题为《瞻前顾后、统筹安排》的社论，指出"出现这种现象的主要原因，在于一些同志较多地重视微观放活，而在一定程度上忽视了贯彻党中央、国务院关于加强宏观控制的指示。"宏观控制首次正式见诸报端。

20 世纪 80 年代末我国经济经历了一次严重的经济过热和通货膨胀，政府决定进行经济调整。1988 年 9 月 26 日，在《中国共产党第十三届中央委员会第三次全体会议上的报告》中指出，"这次治理经济环境、整顿经济秩序，必须同加强和改善新旧体制转换时期的宏观调控结合起来。""必须综合运用经济的、行政的、法律的、纪律的和思想政治工作的手段，五管齐下，进行宏观调控。"自此以后，宏观调控在中国成为耳熟能详的概念。

党的十四大报告进一步确立了宏观调控的基本思想，指出"要建立的社会主义市场经济体制，就是要使市场在社会主义国家宏观调控下对资源配置起基础性作用，使经济活动遵循价值规律的要求，适应供求关系的变化……必须加强和改善国家对经济的宏观调控。我们要大力发展全国的统一市场，进一步扩大市场的作用，并依据客观规律的要求，运用好经济政策、经济法规、计划指导和必要的行政管理，引导市场健康发展。"即宏观调控的内容包括了经济政策、经济法规、计划指导以及行政管理。

（三）对"宏观调控"内涵的不同界定

我国经济学界对宏观调控概念的定义可以归纳为广义论、狭义论和特色论三类。

广义论者认为宏观调控等同于政府干预，将市场失灵的所有表现都作为宏观调控的依据，因而将政府的所有经济职能都纳入宏观调控的范畴。例如，马洪在《什么是社会主义市场经济》中提出："宏观调控，严格地说，是政府为实现宏观（总量）平衡，保证经济持续、稳定、协调增长，而对货币收支总量、财政收支总量和外汇收支总量的调节与控制。由此扩展开来，通常把政府弥补市场失灵采取的其他措施也纳入宏观调控范畴。"

狭义论者则认为宏观调控仅指运用财政政策和货币政策调节社会总需求，其理论基础是凯恩斯的"有效需求理论"。黄达认为，"宏观调控是调控各经济总量的关系"，但是"不是任何范围内任何多少带有总量、总体之类含义的问题都可称之为宏观经济问题"。许小年认为，"宏观调控指的是运用宏观政策调节社会总需求，这里需要强调的是宏观政策和总需求。宏观政策有两类，并且只有两类，即货币政策与财政政策。宏观调控从来不以供给为目标，从来不以产业结构为目标"。汤在新认为，宏观调控没有配置资源和结构调整的职能，他提出："如果把结构调整，把资源配置，作为市场经济体制下政府宏观调控的职能，那还需要市场经济干什么呢？还有什么必要推行经济体制改革呢？"周为民认为："宏观调控是一种政府干预，但并非任何政府干预都是宏观调控……流行的观念总是把二者混为一谈，似乎只要是政府实行的经济干预都叫宏观调控，不论哪个行业、哪种产品出现了诸如短缺、过剩、价格波动等不合意的情况，人们都要求政府对之'加强宏观调控'。这样来理解宏观调控是不正确的。所谓宏观调控，是指政府对社会总供给、总需求、总的价格水平等经济总量进行的调节和管理，它的基本工具是政府的财政政策和货币政策。而任何单一产品、单个市场的问题，都是微观问题，政府对这类问题进行干预有时也具有一定的合理性，但这是微观干预而不是宏观调控。"

特色论者认为中国的宏观调控是属于中国特色的国民经济管理行为，是基于中国经济转型的实践衍生的理论概念，从目标选择到手段选择都不能用经济学理论来解释。特色论虽然基于中国社会主义市场经济实践的现实，但缺乏系统的理论成果。特色论认为，除了市场失灵这个政府干预市场的一般意义的经济学逻辑外，宏观调控还存在两条中国式的逻辑线索：第一条线索是由于中国经济和社会发展的多样性和不平衡性，中国经济面临众多的结构矛盾和利益冲突，需要在宏观层面上予以协调，因此单纯针对总量的需求管理是远远不够的，宏观调控必须强调结构性目标；第二条线索是政治和文化传统，宏观调控不仅仅强调政府对市场的间接影响作用，更有直接影响的能力。

综上所述，广义论、狭义论、特色论在宏观调控上是政府干预、调节市场经济的行为，在国家的经济管理职能行为的认识方面没有分歧，其分歧主要在于宏观调控的对象、范围和手段。在宏观调控的对象及其范围方面，广义论与狭义论所持的观点在宏观调控不调节和不干预经济结构、配置经济资源方面基本是一致的，特色论所持的观点则认为宏观调控除此之外还包括资源配置和经济结构；在宏观调控的手段方面，狭义论将宏观调控手段局限于货币工具和财政工具之内，广义论者则将政府针对市场失灵而采取的一切经济措施都纳入宏观调控手段之内，特色论更是将经济手段、行政手段、法律手段等必要的多元化手段全部纳入宏观调控手段之内。

黄伯平（2008）将我国的宏观调控分为间接影响微观主体的内生性宏观调控和直接影响微观主体的外生性宏观调控，具体如表1-1所示。

表1-1 我国当前宏观调控体系的构成

		政策手段	操作目标	中间目标	实施机构
内生性宏观调控体系	货币政策	公开市场操作	货币供给量	利率	中国人民银行
		法定准备政策	法定准备金率	货币供应量	
		再贴现政策	再贴现率	利率	
		汇率政策	外汇储备	汇率	
	财政政策	公共支出政策	公共支出	消费和投资	财政部、税务总局、海关总署
		公共收入政策	公共收入	消费和投资	
		涉外税收政策	进出口税率	进口和出口	
	价格政策	差别价格政策	重要生产要素和资源的价格		发改委等部门
外生性宏观调控体系（行政调控体系）	针对市场主体的一般行政手段	窗口指导	信贷规模	投资、能耗、污染物排放、土地供求、农业生产、物价水平、房地产价格、进出口、国际收支等	中国人民银行、银监会
		信贷控制政策	信贷规模		
		国企管理政策	综合指标		国资委
		要素资源数量控制	重要生产资料的供给		国土资源部等部门
		价格干预	重要商品价格		发改委为主
		市场准入政策或过程控制政策	土地、建设、规划、环保、安全、贸易、外资、产业、市场秩序等政策门槛		各市场监管部门或机构
	针对执行部门的特殊行政手段	行政监督政策	各宏观调控政策执行部门的政策执行情况	各项宏观调控政策的中间目标	纪检监察、审计署、统计局、各专业或综合性管理部门

二、国外宏观经济政策的理论与实践

（一）国外宏观经济政策理论

国外政府对经济进行宏观调控的理论起源于凯恩斯 1936 年出版的《就业、利息和货币通论》。在此之前，亚当·斯密在《国富论》中主张的自由放任的经济学主导了西方的市场经济，政府只有在公共服务、外部性、垄断等市场失灵的情况下才发挥必要的调节作用。第二次世界大战后，西方各国普遍采用凯恩斯理论开展积极主动的宏观经济政策，并取得了较好效果，但在 70 年代陷入了"滞胀"的困境，反对凯恩斯主义国家干预的新自由主义思潮兴起并发展。有代表性的货币主义学派、新奥地利学派、供给学派、理性预期学派、公共选择学派、新制度经济学派等对国家的宏观经济政策均提出了各自的主张。此外，新古典综合派、新剑桥学派、新凯恩斯学派、弗莱堡学派、瑞典学派等也都对国家干预宏观经济做出了各自的理论反思。

1. 20 世纪 30 年代之前西方经济学的国家干预理论

古典经济学认为经济的增长是由于资本的积累和劳动分工相互作用而产生的，在自由竞争的市场中，市场可以发挥自发调节的作用，对资源进行有限的配置，使经济有效的增长。但是与此同时，在市场经济的发展过程中，出现了市场失灵的状况，不能有效地配置资源。休谟和萨伊认为国家干预只能存在于市场失灵的状态，其提供的公共政策和服务是解决市场失灵的必要手段。新古典经济学认为，在市场自由竞争条件下，商品市场、资本市场和劳动力市场可以通过商品的供求、价格变动、劳动力的工资涨跌达到相应的平衡状态，从而使资源有效的配置。国家的干预只能打破市场原有的平衡、破坏市场中的自我调节，反而会引起经济的动荡。庇古主张国家对于经济的干预应限制在消除外部性对经济的干扰，实现帕累托最优状态，通过收入分配政策来增加社会福利。

2. 凯恩斯的现代宏观经济理论

20 世纪 30 年代初，西方国家出现经济危机，使得传统的经济理论对此束手无策，这时凯恩斯的《就业、利息和货币通论》顺时应势出版。此书的出版，标志着宏观经济学的产生，也使得国家干预经济理论由配角变成了主角。凯恩斯认为，以往传统经济学中所谈的均衡，是根据供给本身创造自己需求这一错误前提下所假设的充分就业的均衡。他说，这仅仅适用于特殊情况，而通常情况下则是小于充分就业的均衡。他认为资本主义之所以会出现生产过剩，出现非充分就业，关键在于社会的有效需求不足。凯恩斯在《就业、利息和货币通论》中通过对人们的主观心理进行分析，得出了三个心理规律：心理上的消费倾向、心灵上的灵活偏好以及心理上对未来收益之预期。然后他根据这三大心理规律论证了有效需求不足，而有效需求不足则总需求不足，总需求不足则不能达到充分就业，从而产生生产过剩危机。

由于有效需求主要由消费和投资构成，而消费和投资均具有乘数效应，为了增加有效需求从而达到总供给与总需求的均衡以及充分就业，凯恩斯认为宏观经济政策应从刺激社会消费与投资着手。在有效需求不足时，政府一方面可以通过积极的财政政策增加政府消费与投资，并通过增加国民收入来增加消费，从而提高社会有效需求；另一方面可以通过积极的货币政策，增加货币供应量，降低利率，进一步降低投资的边际成本，从而促进投资。在制定具体宏观经济政策时，要相机抉择，综合使用财政政策与货币政策。在凯恩斯的宏观经济理论框架下，财政政策和货币政策第一次成了政府调节宏观经济的重要工具。

值得注意的是，由于财政政策能直接提高社会有效需求（消费和投资），而货币政策是通过影响投资回报率间接提高投资需求，凯恩斯学派在前期主张主要依靠财政政策来调节宏观经济，而货币政策则由于其影响经济的间接性质，效果并不明显，应发挥辅助作用。这种观点也导致了西方大多数国家 20 世纪 50～70 年代施行主要依赖财政刺激的宏观经济政策。

3. 新古典综合派

新古典综合派主要形成于 20 世纪 50 年代，是后凯恩斯学派的一个重要分支，其主要代表人物包括希克斯、汉森、萨缪尔森、菲利普斯、索洛等。新古典综合派将新古典的微观理论与凯恩斯宏观理论相结合，用凯恩斯宏观非均衡理论解释短期波动，用新古典市场均衡理论解释长期均衡，从而形成了一个新的宏观经济学体系，其经济政策目标是充分就业、物价稳定、经济增长和国际收支平衡。政府通常将财政政策和货币政策相互配合起来使用。在调控手段上，财政政策采取改变税率、政府购买水平和政府转移支付水平等，而货币政策则以利率作为主要中介目标。

4. 新剑桥学派

新剑桥学派是在与新古典综合派的争论中形成和发展起来的，是后凯恩斯学派的另一个重要分支，其代表人物有琼·罗宾逊、尼古拉斯·卡尔多等。后凯恩斯主义反对新古典的微观经济理论，坚持凯恩斯的宏观经济理论，试图在否定新古典综合派的基础上，重新恢复李嘉图的传统，建立一个以客观价值理论为基础、以分配理论为中心的理论体系，并从不均衡出发对资本主义经济进行动态分析。

新剑桥学派的一个主要政策建议是改善收入分配。他们认为税收除了作为调节需求水平、保持宏观经济稳定的工具之外，还应发挥在缩小贫富不均方面的作用。在税制的设计方面，应根据不同的行业和纳税人的负担能力，体现公平原则。在所得税制度上，采取累进税率，在消费税上，对奢侈品征税，对生活必需品则给予减负税；并特别主张实行没收性的遗产税，把政府通过没收性的遗产税所取得的财产及其收入用于公共目标。

5. 货币主义学派

20世纪70年代初期，由于西方国家"滞胀"的出现，正统的凯恩斯主义宏观经济学的地位动摇了，新自由主义经济学兴起并发展。他们反对凯恩斯主义的国家干预，但与早期的自由放任主义不同，新自由主义并没有彻底抛弃国家干预的理论成果。

最早的新自由主义是以弗里德曼为代表的货币主义学派。弗里德曼在1956年发表《货币数量论——一个重新表述》一文，对传统的货币数量说作了新的论述，为货币主义奠定了理论基础。货币主义的理论认为，在短期内，货币供应量的变化主要影响产量，部分影响物价，但在长期内，产出量完全是由非货币因素（如劳动和资本的数量、资源和技术状况等）决定的，货币供应只决定物价水平；凯恩斯主义调节经济的财政政策和货币政策不是减少了经济的不稳定，而是加强了经济的不稳定性。因此，货币主义学派强烈反对国家干预经济，主张实行一种"单一规则"的货币政策，即把货币存量作为唯一的政策工具，由政府公开宣布一个在长期内固定不变的货币增长率。这个增长率应该是在保证物价水平稳定不变的条件下，与预计的实际国民收入在长期内会有的平均增长率相一致。

6. 新奥地利学派

以哈耶克为代表的新奥地利学派兴起于 20 世纪 70 年代，是新自由主义中最激进的学派，崇尚经济自由，主张自由竞争和实行私有制，坚决否定国家在经济生活领域的积极干预活动，强调竞争和市场机制的作用，主张把效率放在优先位置。新奥地利学派提出货币经济周期理论，认为经济周期是货币因素引起的。由于货币经济中，以货币表示的生产资料和消费品的相对需求总量受到信用扩张和收缩的影响而时常变动，这样就会导致经济体系的不平衡，甚至引起经济危机。因此，在货币政策上，新奥地利学派主张保持货币中性（使货币对价格形成和资本化程度不发生影响），废除国家货币制度，实行自由货币制度，同时主张通过控制货币来控制通货膨胀。

7. 理性预期学派

20 世纪 70 年代诞生的理性预期学派的主要代表人物是罗伯特·卢卡斯。理性预期学派的出发点是市场机制的完善性和人能做出理性预期，因此提出了著名的"政策无效论"和"卢卡斯批评"。具体而言，人们在经济活动中，根据过去价格变化的资料，在进入市场之前就对价格做出预期，对于偶然性的干扰因素，可以通过事先计算概率分布选出最小风险的方案；同时，由于政府对经济信息的反应不如公众那样灵活及时，所以政府的决策不可能像个人决策那样灵活，因此政府的任何一项稳定经济的措施，都会被公众的合理预期所抵消，成为无效措施，迫使政府放弃实行。理性预期学派强调政府应完全避免任何一种相机抉择的宏观经济政策，主张宏观经济政策执行固定的、简单的货币和财政规则。

8. 供给学派

供给学派是 20 世纪 70 年代在美国兴起的一个经济学流派，代表人物有拉弗、万尼斯基、费尔德斯坦等。该学派认为生产的增长决定于劳动力和资本等生产要素的供给和有效利用；个人和企业提供生产要素和从事经营活动是为了谋取报酬，对报酬的刺激能够影响人们的经济行为；自由市场会自动调节生产要素的供给和利用，应当消除阻碍市场调节的因素。供给学派反对凯恩斯主义只注意政策对经济主体收入和支出的效果，而是强调政策对生产活动的作用，并着重分析税制对生产要素供给和利用的效果，认为降低边际税率能显著促进生产增长，并可抑制通货膨胀。在货币政策上，供给学派认为控制货币数量增长的目的是为了稳定货币价值，消除人们的通货膨胀心理，从而在安排货币收入时，人们就乐意保存货币，不去囤积物资，选择生产性投资，不做投机性投资。

9. 公共选择学派

公共选择学派是以经济学方法研究非市场决策问题的一个新自由主义学派，形成于 20 世纪 60 年代末 70 年代初，其主要代表人物是詹姆斯·布坎南、戈登·塔洛克。公共选择学派批评了主流经济学将经济市场和政治市场割裂的研究方法，认为人类社会由两个市场组成，一个是经济市场，一个是政治市场；在经济市场和政治市场活动的是同一个人，没有理由认为一个人在经济市场是自利的，而在政治市场是利他的，政治市场和经济市场的"善恶二元论"是无法成立的。在承认"政府失灵"的背景下，公共选择学派主张将经济市场的运行规则引入政治市场，通过将经济市场的竞争机制引入政治市场来提高后者的效率。

10. 新制度经济学派

以科斯和诺斯为主要代表人物的新制度经济学派形成于 20 世纪 70 年代，是目前最受推崇、影响最广的新自由主义学派，核心是交易成本理论和产权理论。交易成本理论表明交易活动是稀缺的，市场的不确定性导致交易具有风险和代价，从而也就有如何配置的问题，资源配置问题就是经济效率问题，一定的制度必须提高经济效率，否则旧的制度将会被新的制度所取代。产权理论认为影响和激励行为是产权的一个基本功能，产权安排直接影响资源配置效率，一个社会的经济绩效如何，最终取决于产权安排对个人行为所提供的激励。新制度经济学派尤其强调所有权或产权制度对于经济增长的重要性，主张完全的自由放任，反对政府干预经济，强调制度创新。

11. 新凯恩斯学派

新凯恩斯学派诞生于 20 世纪 70 年代中叶，代表人物有曼昆、萨墨斯、阿克洛夫、斯蒂格利茨等。新凯恩斯学派在分析中引入了原凯恩斯主义经济学所忽视的厂商利润最大化和家庭效用最大化假设，吸收了理性预期学派的理性预期假设，以不完全竞争、不完善市场、不对称信息和相对价格黏性等"市场摩擦"为基本理论，建立了微观经济基础的新凯恩斯主义宏观经济学。强调微观经济基础的新凯恩斯主义经济学派更加强调市场机制的作用，主张"适度"的国家干预，政府经济政策的着力点在于抑制工资、价格的黏性，以修复失灵的市场机制，从而稳定经济、增进社会福利，并重视提升科技和人力资本的政策，促进经济发展。在政策操作上，他们针对新古典综合派倡导的"微调"（fine-tuning）政策，设计出粗调（coarse-tuning）政策，以抵消或避免宏观水平波动的问题。新凯恩斯主义对 90 年代后美国的经济政策产生了深远影响。

12. 弗莱堡学派

弗莱堡学派又名联邦德国新自由主义，是 20 世纪 20 ~ 30 年代以后逐渐形成的一个重要的新自由主义学派，以瓦尔特·欧肯和弗兰茨

·伯姆为主要代表。弗莱堡学派的基本倾向是自由主义，但认为漫无限制的绝对自由是不理想的，需要在绝对自由和严格的政府管制之间寻找中间路线，在他们看来，竞争秩序是完全竞争市场形式与合理货币制度的结合，货币政策的中心目标就是稳定货币币值和物价水平。该学派创立了社会市场经济理论，认为社会市场经济要以实现"全民福利"为基本目标，强调社会市场经济秩序要以自由市场机制的调节为主，反对在社会市场经济中有任何垄断形式存在，提出自由原则和国家有限干预原则。

13. 瑞典学派

瑞典学派又称北欧学派或斯德哥尔摩学派，起源于 19 世纪与 20 世纪之交，形成于 20 世纪 20～30 年代，在第二次世界大战以后形成了一整套带有社会民主主义色彩的小国开放型混合经济理论。其主要政策主张是以实现经济均衡和充分就业为目标，利用货币政策来调节利息率，当货币政策不能保证经济均衡实现时，国家还应该采用财政政策促使投资与储蓄相等，以达到实现经济均衡的目的，同时保证劳动者应得的福利，尽可能实现充分就业，实现自由的社会民主主义制度，建立所谓的"福利"国家。

（二）国外宏观经济政策实践

1. 西方国家宏观经济政策的发展历程

20 世纪 30 年代经济危机之前，西方国家主要实行自由放任的市场经济，政府对市场的干预大多限于必要的政治与社会职能以及纠正"市场失灵"。30 年代大危机的发生，表明单纯依靠市场这只"看不见的手"并不能自动保证实现充分就业的均衡，从而宣告了宣扬市场自动调节经济的传统经济学的破产。正是在这种经济大变动的形势下，强调依靠国家对经济进行干预以弥补市场自动调节缺陷的凯恩斯主义才脱颖而出。

从第二次世界大战结束至 20 世纪 70 年代之前，凯恩斯的政府干预理论成为西方发达国家制定经济政策的主要依据，国家对经济生活的干预空前加强。这一时期是主要西方发达国家经济发展的黄金时期，1951 ~ 1970 年发达国家平均经济增长率达到 5.3%，比战前的 2.3% 高 1 倍以上。一方面，西方国家积极地通过财政调节，刺激消费和投资，实现充分就业和经济增长两大目标。以美国为例，1950 ~ 1970 年，美国政府开支占国民生产总值的比重由 22.7% 上升到 29.5%，其中用于采购商品和劳务的支出占国民生产总值的比重由 13.5% 上升到 21.6%。另一方面，西欧国家在运用凯恩斯主义宏观需求管理政策的同时，采取了一系列综合调节的方式。一是国有化，通过对一批濒临破产、设备陈旧的私人垄断企业和重要的公共基础部门实行国有化，西欧国家政府控制了基础工业、交通邮电等部门。1968 年，国有企业占全国资产总额的比重，法国为 33.5%，意大利为 28%，联邦德国为 22.7%，英国为 17%。二是计划化，法国、联邦德国、意大利等国都不同程度地实行经济计划化，政府通过与企业签订合同，利用财政、货币、信贷等经济杠杆诱导企业的投资和经营活动，以实现计划规定的目标。三是发展社会福利，通过国民收入再分配的形式调节社会总需求，缓和收入不公平带来的社会矛盾。西欧各国的社会福利开支占国民生产总值的比重不断提高，1969 年，瑞典、荷兰分别为 21.8%，联邦德国和法国约占 18.6%，英国为 12.5%，高于美国的 10.8% 和日本的 5.9%。

由于长期推行扩张性经济政策，两次石油危机的打击和布雷顿森林体系的崩溃，70 年代西方国家普遍陷入了"滞胀"的泥潭。1951 ~

1970 年，美、日、联邦德国、法、意、英 6 国的国内生产总值年均增长 2.2% ~ 10.7%，1971 ~ 1982 年只增长 1.0% ~ 4.7%，其中美、德、意、英 4 国还出现过负增长。与此同时，通货膨胀率则由 1.8% ~ 5.9% 上升为 4.8% ~ 18.0%，其中意大利在 1980 年达到了 21.2%。严重的经济滞胀导致西方经济理论危机，凯恩斯主义受到挑战，新自由主义有关减少政府干预、控制货币供给、降低税负的宏观经济政策思想开始被各国政府所采纳，导致西方国家政府干预经济方式的变化和政策的调整。英国撒切尔夫人当政期间（1979 ~ 1990 年），对经济政策进行了大胆改革，以货币主义取代凯恩斯主义。美国总统里根入主白宫后，也扬弃了凯恩斯主义，转而采用了供给学派的理论和政策。这一轮政策的调整使两国的通货膨胀得到了抑制，经济增长率也有了一定的回升，但经济并未完全摆脱困境，美国的财政赤字和贸易逆差仍居高不下，英国的失业问题反而更加严重。

80 年代以来，各国逐渐意识到无论是凯恩斯主义经济政策，还是新自由主义经济政策，都不能单独解决各自的经济问题，因此在政策制定中开始综合采用两个流派的理论与政策主张，具体表现为以下几方面。

（1）运用货币政策调控通货膨胀

80 年代以来，西方各国普遍十分重视运用货币主义政策，以控制货币供应量的方法抑制通货膨胀。美国广义货币供应量年均增长率从 1965 ~ 1980 年的 9.2% 降至 1980 ~ 1991 年的 8.0%，同期日本的相应数字分别为 17.2% 和 8.0%、德国为 10.1% 和 6.4%、法国为 15.0% 和 9.9%、意大利为 17.9% 和 12.0%、加拿大为 15.3% 和 8.4%。

（2）采用扩大财政支出与减税"双管齐下"的扩张性财政政策

紧缩的货币政策往往会抑制投资及经济增长。80 年代西方发达国家经济回升非常缓慢，失业率更是居高不下，为了刺激经济增长，西方国家依然采用扩张的财政政策，致使多数国家财政支出继续扩大，各国财政收支普遍连年出现赤字。

（3）放松政府管制，推行"经济自由化"

随着新自由主义的影响扩大，主要发达国家政府普遍放松了对经济的控制。在宏观领域取消了对工资、价格、利率、汇率的直接控制，在微观领域废除了许多对公用事业、交通通讯、环境保护等行业的规章制度。其中，以英国为代表的国有企业私有化是"经济自由化"的一项重要内容。日本、意大利、美国和加拿大也不同程度地推行私有化政策，以期充分发挥市场机制的调节作用，提高企业的经济效益。

2008年金融危机以来，发达国家除了运用传统的扩张性财政政策（增加政府消费与投资）和货币政策（降低利率，增加货币供应量）来刺激经济外，还使用量化宽松等新型非常规货币政策，在维持零利率的同时向市场大量投放流动性。这一轮的扩张性宏观经济政策帮助世界经济较快地从衰退中复苏，但其最终的效果与后遗症如何，仍然有待时间去检验。

2. 美国宏观经济政策的实践

美国作为典型的自由市场经济国家，其宏观经济政策一直以来都反映了西方主流的宏观经济理论与思想。与此同时，美国向来坚持市场主导，其政府的职权范围和规模与大多数发达市场经济国家相比都较小。

（1）罗斯福"新政"时期

罗斯福实行"新政"的目的是走出30年代大萧条的困境。"新政"从1933年开始实施，一直延续到1938年。其间分为两个阶段：第一阶段为1933～1934年，政府采取的主要措施是鼓励物价上涨以增加利润，并提高工资以增加居民购买力，同时通过与私人企业合作以恢复经济；第二阶段是 1935～1938 年，政府转向长期干预和改革，把购买力集中到集团手中，并通过社会保险来最大限度地保证经济的长期发展。

"新政"中先后颁布了上百个调节经济的政策法令，概括起来主要有以下几方面。①整顿金融制度，强化联邦储备体系。成立联邦存款保险工资，限制商业银行从事证券投资活动，加强美联储对银行的管制和监督，通过复兴金融公司对大银行进行信贷支持，并放弃金本位制，从而把全国的货币、信贷业务置于联邦储备体系的监控之下。②加强立法，干预工业复兴。国家投入大量贷款和津贴以挽救工商业，成立同业公会并制定本部门和本行业的公平竞争法规，确定最低工资和最高工时制度，开始建立社会保险和公共福利制度，兴办各种公共工程和公共事业。③扶持农业，加强调节。通过政府奖励和津贴的办法，缩小耕地面积，限制农产品供给量，提高农产品价格，成立农信贷总署给农场主以贷款支持，并逐步建立起一套以复杂价格支持为手段、依据国内外市场供求状况调节农产品生产和销售的制度。

（2）战后时期

美国战后的宏观经济政策大致可以划分为五个时期。

第一个时期是战后初期到 50 年代末期，以扩大就业为主要目标，财政政策坚持预算平衡原则，货币政策重点是控制货币供应量，使之大体与经济增长同步。这一时期美国的宏观经济政策主要受到艾森豪威尔平衡预算观点的影响，这也导致了 20 世纪 50 年代美国经济频繁的衰退，史称该时期为"艾森豪威尔停滞"。

第二个时期是 60 年代初至 70 年代末，这 20 年间虽然并不完全相同，但总体看来，都是实行凯恩斯主义刺激需求的政策。前期政策效应较为显著，经济快速增长，就业增加。但随着财政赤字愈来愈大，到后期通货膨胀已达两位数，并出现"滞胀"现象，高失业率和高通货膨胀率并存。至 1982 年失业率已接近 10%，在 1973～1982 年的 10 年间，平均失业率约为 6.9%。1965 年，美国制造业的设备利用率为 86%，至 70 年代末，该指标已下降至 70% 以下。

第三个时期是 1981 年里根总统上台开始的 80 年代。里根政府摒弃了扩张性货币政策和财政政策，转而采用以供给学派、货币主义为基础的混合经济政策，其特点是较为成功地实现了"紧"的货币政策和"松"的财政政策的结合。里根政府通过紧缩的货币政策反通货膨胀，使通货膨胀率从 70 年代的年均 7.1% 降到 1988 年的 4.2%。同时，采取扩张性的财政政策，主要为供给性的减税政策，特别是大规模减免企业税。据统计，美国企业新投资利润的平均税率从 1980 年的 33% 减少到 1984 年的 4.7%。里根的政策取得了较好的成效，美国经济从 1982 年年底转向复苏，到 1984 年生产增长率达到 6.8%，成为 30 多年来最有力的增长，失业率由 1982 年的 10.8% 降到 1988 年下半年的 5.3%。但与此同时，美国的财政赤字和贸易赤字急剧上升，巨额外债和各种内债逐年递增，截至 1990 年，美国联邦国债累计达到 3.21 万亿。

第四个时期是 90 年代。1993 年克林顿上台后，接受新凯恩斯主义的主张，推行振兴美国经济的"综合经济发展计划"，扭转"里根经济学"片面强调供给的经济政策，实行一种把国家干预主义与市场自由主义结合起来的宏观经济调控政策，把货币主义、理性预期学派和凯恩斯主义的主张结合起来，既强调需求，也不忽视供给的作用，是一种双管齐下的"供求并重"经济政策。在货币政策上继续通过提高利率控制通货膨胀；在财政政策上，实行增税与减支并举的国家干预型的平衡预算政策，调节收入分配，一方面以提高最高边际税率的方式增加富人的税收，另一方面在减支的同时重视政府的作用，对支出进行结构调整，注重未来投资和对高科技的投资，促进民间小企业发展，以创造更多的就业机会。

第五个时期是 21 世纪以来。随着世纪初互联网泡沫的破裂，美国为了刺激经济，同时实行了扩张性的货币政策（低利率）与财政政策（减税），使得国内信贷扩张，消费和投资均大幅增长，加之国际需求旺盛，经济迎来了一段快速发展时期。但随着信贷的扩张与通胀上升，美联储开始收紧货币政策，导致了泡沫的破裂，2007 年次贷危机爆发。为了度过危机，美国实施了更加积极的货币与财政政策，并采用了量化宽松的非常规货币政策。总体而言，21 世纪以来，美国政府在宏观经济政策中偶有紧缩，但大部分时期都执行了扩张性的财政与货币政策。同时，随着全球化与国际贸易的快速发展，美国的经济政策制定受国际影响越来越大。

3. 英国宏观经济政策的实践

英国作为凯恩斯主义的发源地，其战后的宏观经济政策长期执行凯恩斯的需求管理，政策发展在西欧各国中也具有极强的代表性。

（1）二战后至 70 年代末以前

第二次世界大战后至 70 年代末以前，英国宏观经济政策的主要目标是减少失业和促进经济增长，办法是实施凯恩斯主义的宏观需求管理，重点是运用财政政策手段刺激投资和消费的"有效需求"。战后英国政府财政支出大幅度增加，财政支出占国民生产总值的比重不断上升，从 1950 年的 39.5% 上升到 1980 年的 54.3%。为了适应财政支出的迅速增长，英国政府在大量增加税收的同时，采取扩大货币供应量的方法，认为温和的通货膨胀率是"可接受的"。在50年代和60年代，这一政策取得预期成效，经济有较快增长，通胀率和失业率显著降低。但是，到了70年代，随着财政赤字的积累，通货膨胀率增至12.5%，与此同时，GDP增长率降至2.2%，失业人口超过百万，英国经济陷入经济停滞与高失业长期并存的困境。

（2）70年代末至90年代

1979年，撒切尔夫人的保守党政府上台执政，针对当时的经济困境，断然摒弃过去历届政府奉行的凯恩斯主义，转而推行货币主义政策，力求减少政府干预，发挥市场机制的作用。为了摆脱"滞胀"，保守党政府制定的中期战略是：把抑制通货膨胀放在首位，逐步限制货币供应量增长，主要措施有逐步减少政府支出、通过财政政策压缩公营部门的借贷需求和通过货币政策来操纵短期利率水平。经过几年，这些措施使英镑M3的增长速度基本上被控制在1%的预定目标范围内，从而使通货膨胀明显回落，从1980年的19.7%下降到1984年的4.1%；持续18年的财政赤字也从1987年起转为盈余。这些政策的成功为英国80年代中期以后一直保持持续增长势头创造了条件。

4. 德国宏观经济政策的实践

德国受弗莱堡学派"社会市场经济"主张的影响，其经济政策一直以来强调社会平等、公平竞争与物价稳定，在政策制定上相较于典型的西方发达国家更为保守。

（1）60年代中期以前

联邦德国政府在这一时期确定的宏观调控的目标是：促进经济增长，保持物价稳定。为此，财政政策的重点是鼓励私人投资，扩大社会总供给。措施有：采取鼓励储蓄的政策，如将总收入的15%

用于储蓄可享受免税优惠，调低所得税率等；制定企业投资优惠政策，如企业的未分配利润可享受50%的税收优惠。此外，政府也增加了对重要基础部门的投资和扶持。货币政策的重点是保持币值和稳定物价，基本上实行偏紧的政策，长期保持较低的贴现率和抵押贷款利率，稳定货币供应增长率。这一政策的实施，实现了物价稳定下的经济高速增长。1951～1965年，联邦德国国民生产总值的平均年增长率为10.8%，消费物价上涨率每年不超过2%，被视为"经济奇迹"。

（2）60年代中期至80年代初期

联邦德国从1966年开始处于持续3年的经济衰退时期，为了摆脱困境，政府采取了扩张性财政政策和扩张性货币政策相结合的双松政策。政府实行赤字预算，投资基础设施建设，同时采取降低最低准备率、贴现率和抵押贷款利率，在公开市场上买进政府债券等措施。到1969年，当经济开始出现过热现象时，政府又转而实行偏紧的财政政策和货币政策，以减少总需求。这一时期联邦德国政府政策虽然多次更迭，但始终推行的是凯恩斯主义政策。

（3）80年代初期以后

80年代初，联邦德国政府的宏观经济政策再度发生转变。科尔上台后，否定了全面干预政策，强调社会市场经济的核心是私人经济的高效率；摒弃了赤字财政政策，认为它导致通货膨胀，并制约了联邦银行维持币值稳定的职能。因此，科尔政府主张整顿财政，鼓励私人部门发展，降低通货膨胀率。在财政政策方面，采取的主要措施是缩减政府支出，调整支出结构，削减社会福利开支，加大科研支出；改革税收体制，给企业与个人税收优惠。实行偏紧的货币政策，以降低货币增长率，并适度抽紧银根。在政府取得财政赤字明显下降、通货膨胀渐趋平缓的成效后，科尔政府继续推行以平衡预算、鼓励投资、稳定币值为核心的财政政策和货币政策，使德国经济在两德统一的变动中缓慢而稳定的发展。

三、国内宏观调控的理论与实践

（一）国内宏观调控理论的演变

中国宏观调控理论是伴随着经济体制改革的发展而不断演变的，在不同的历史发展阶段，理论关注的重点也有所不同。不同学者对我国宏观调控理论也有不同看法。综合看来，改革开放以来，宏观经济调控理论的演变可分为三个阶段。

1. 理论研究的起步阶段（1978～1991 年）

1978～1991 年是理论研究的起步阶段。之所以定义为"起步"阶段，是因为在该阶段中国还没有建立起宏观调控理论所赖以生存的市场经济基础，理论体系尚未形成。改革开放初期，理论界主要围绕着计划和市场的关系、如何发挥价值规律的作用、如何扩大企业经营管理权等问题展开研究。随着指令性计划的减少和物价的放开，通货膨胀逐渐显现，如何治理通货膨胀，实现总供给和总需求的平衡，进而如何建立适合体制改革需求的国民经济管理体系和宏观经济学等重大理论问题得到学界的关注。总体来看，计划和市场的关系成为该阶段理论研究的主题。多数学者赞成应该把计划调节与市场调节结合起来，但是在二者如何结合（结合的范围、结合的方式、结合的条件等）上存在分歧，先后形成了"板块论""时空论""主次论""有机结合论"等观点。分歧的焦点集中在如何确立计划和市场在国民经济管理中的主次地位这一敏感问题上。

2. 理论体系逐渐形成阶段（1992～2000年）

1992～2000年是面向市场经济的宏观调控理论体系逐渐形成的阶段。党的十四大报告明确提出，"我国经济体制改革的目标是建立社会主义市场经济体制"。建立社会主义市场经济改革目标的提出，对中国理论界产生了巨大影响，使更多的学者思考和研究社会主义市场经济宏观调控体系的构建问题。该阶段中国的宏观经济运行比较复杂，可谓"冰火两重天"——20世纪90年代初面临通货膨胀的"热"压力，而后期则是通货紧缩的"冷"压力。如何治理通货膨胀，实现"软着陆"，如何治理通货紧缩，保持经济"又快又好"的发展，这些问题叠加在一起，对理论界和政府管理者提出了巨大挑战，迫使中国宏观调控理论和实践必须进行创新。一些具有中国特色的调控模式，如"双轨调控""混合调控"等先后被提出来。

3. 理论研究进入更为"开放"和"实用"的阶段（2001年以来）

随着中国加入WTO，社会经济进入到更加开放的阶段，在此背景下，宏观调控的理论研究也呈现出新的特点。

（1）研究视角和重点发生了变化

从国际背景看，以美国为首的发达国家的宏观调控已经进入到了"微调占据主导地位阶段"，宏观调控需要更多的技术和技巧。中国学者也逐渐意识到宏观调控不仅是重大的理论问题，更是应用性的问题。因此，该阶段学术界更加侧重于实际问题、技术性层面与操作性层面问题的研究。如何改善宏观调控的效果，采用什么样的工具和手段进行调控，如何选择宏观调控的时机、方向和力度，如何提高宏观调控的准确度等问题成为理论界研究的重点。

（2）研究方法发生了变化

随着改革开放的深化，学术研究也更为开放，中外学术交流频繁，以美国为主导的宏观经济理论在中国得到了广泛传播，实证和计量分析方法在我国得到空前发展，主要体现在对财政政策和货币政策效果的验证和评估方面。这不仅推动了中国宏观调控理论的发展，也提升了政府宏观调控的效果。

（二）国内经济学界对宏观调控理论的讨论

我国宏观调控理论主要集中在讨论宏观调控的定义、特征、依据、边界和模式上，对于直接讨论社会主义市场经济运行理论并由此得出相应的宏观调控建议的研究相对较少，这也与我国目前仍处于经济改革过程中、尚未建立完善的社会主义市场经济制度有关。另一方面，由于我国处于经济体制转型期，市场经济体制尚未完全建立，西方国家在宏观调控中常用的指标如失业率、通货膨胀率等指标无法很好地体现我国经济的发展全貌（一些学者以固定资产投资增长率、信贷规模增长率等指标进行判断），这对政府和学界判断经济是"冷"还是"热"提出了挑战，也难以运用实证等手段来验证宏观调控效果。

对于宏观调控的依据或原因，国内理论界的观点可以概括为"趋同论"和"国情论"。"趋同论"基本认同现代西方政府干预理论的观点，认为政府干预经济有两大依据：一是由于存在市场失灵，因此政府必须对经济进行干预，而市场失灵的范围就是政府干预的范围；二是政府作为特殊的组织，具有市场组织所不具备的特征和优势，这为它有效地弥补市场失灵、介入社会经济提供了重要依据。"国情论"认为，依靠上述两大依据难以诠释中国宏观调控的范围，还必须从中国特殊国情加以拓展。因为探讨中国宏观调控问题，离不开中国经济落后、市场经济不规范、公有制为基础、国有经济为主导这些特殊的国情，它决定了中国政府不仅要对经济进行调控，而且更决定了政府有理由办更多的事，在更大的范围有所作为。

2003 年以来，中国宏观调控也逐渐模仿国外采取"微调"的手段，很多学者对此给予了高度评价，并提出今后要不断完善的具体措施。目前，理论界对此已经达成了共识："微调"的实质就是要解决宏观调控的时机、幅度、轻重、政策的有效组合等问题，它将是中国未来宏观调控的主要模式。但是，在政策工具如何选择、组合及以什么为主要工具等方面仍然存在分歧，形成了不同观点，大体有"货币供应量流派""利率流派""汇率流派"和"贷款流派"等。货币供应量流派认为，中国由于市场经济不完善，微观主体对利率等调节手段反应不敏感，利率作为核心政策工具的条件还不具备，因此，应该以货币供应量为主要工具。利率流派认为，发达国家市场经济的经验表明，利率是"微调"的最有效工具，中国必须按照国际惯例来进行调控，把利率作为核心政策工具。贷款流派则认为，利率还未市场化，货币供应量存在流通速度不稳定、可控性差、缺乏准确性等缺点，因此，应该把信贷增长率作为主要调控工具。

（三）改革开放以来我国宏观调控方式的变迁

方福前把改革开放以来中国宏观调控方式的演变分为三个阶段：1978～1984 年 10 月为"计划控制为主、市场调节为辅阶段"；1984 年 10 月至 1992 年 2 月为"计划控制与市场调节相结合阶段"；1992 年以来为"市场调节基础上的相机抉择阶段"。1993 年，针对经济过热和越来越严重的通货膨胀，我国实施了"双紧缩"的政策组合；面对 1997～1998 年亚洲金融危机的冲击和通货紧缩、总需求的不足，我国实施了积极（扩张性）的财政政策和稳健的货币政策；随着社会总需求的回升和经济的持续快速增长，2005 年我国的宏观调控开始转向稳健（中性）的财政政策和稳健的货币政策；2007 年 3 月以来，由于物价总水平不断上升，为了抑制经济过热，保持经济稳定持续增长，我国的宏观经济政策又转向适度从紧的货币政策和稳健的财政政策。

执笔人：吕东青

第二章

改革开放以来我国宏观调控政策的回顾

一、20 世纪 80 年代初期：从"洋跃进"到经济调整

（一）背景

1976 年粉碎"四人帮"时，因"十年动乱"，中国的"国民经济已经到了崩溃边缘"，经济结构严重失衡，经济体制严重扭曲。但由于粉碎了"四人帮"，民心大振，生产迅速恢复，国民经济很快出现了恢复性增长。

1977 年编制《1976～1985 年发展国民经济十年规划纲要》时提出，到 1985 年全国钢产量要达到 6000 万吨、粮食产量要达到 8000 亿斤的高指标。同时还提出，要建设 120 个大型项目，其中包括 10 大钢铁基地、9 大有色金属基地、8 大煤炭基地、10 大油气田、30 个大电站、6 条铁路新干线、5 个港口等。这个"十年规划"在 1977 年 8 月召开的党的十一大上提出，并在 1978 年 2 月召开的五届全国人大一次会议上获得通过。

与以往闭关锁国的"赶超战略"不同的是，此次大规模的经济建设计划是建立在大规模引进的基础之上的。刚刚复出的邓小平找当时主管经济的几位副总理余秋里、谷牧、康世恩等谈话，阐述引进国外先进技术、装备的紧迫性和重要性，要求研究扩大引进规模的方案。邓小平提出，同外国人做生意要搞大一点，搞它 500 亿。利用资本主义危机，形势不可错过，胆子大一点，步子大一点。不要老是议论，看准了就干，明天就开始，搞几百个项目。

1978 年 7 ~ 9 月，国务院召开务虚会，研究加快四个现代化建设的速度问题。会议上弥漫着急于求成的情绪。华国锋提出："思想再解放一点，胆子再大一点，方法再多一点，步子再快一点。"邓小平提出，要走出去，要引进资金，并提出在几年内要争取引进 800 亿美元的想法。李先念在总结报告中提出，要组织国民经济的"新的跃进"，要以比原来设想更快的速度实现四个现代化，要在 20 世纪末实现更高程度的现代化，要放手利用国外资金，大量引进国外先进技术设备。8 年基本建设投资从原设想的 4000 亿元增加到 5000 亿元。10 年引进 800 亿美元，最近三四年先安排三四百亿美元。

务虚会后，国务院迅速批准了国家计委修改后的"十年规划"。随后，国务院多次讨论，加快了引进协议的谈判和签约进程。会后短短几个月的时间里就同国外签约引进耗资 160 亿元的 9 套大型化工项目以及宝山钢铁厂、100 套综合采煤设备等 22 个耗资 600 亿元的项目。如此庞大的投资规模、如此众多的大型项目同时进入建设高峰，对国民经济正常运行所形成的巨大冲击可想而知。粉碎"四人帮"时"已经到了崩溃边缘"的国民经济"重病之躯"再加上新的"折腾"，于是经济过热的征兆很快突显出来。

1978 年国家预算节余 10.1 亿元，1979 年政府赤字猛增至 206 亿元，达到国民生产总值的 5.2%，给货币供给造成很大压力。货币信贷政策方面也采取了扩张性的政策。现金（M0）供给增长从 1978 年的9.7%急剧上升到1979年的24.4%和1980年的25.5%；银行信贷余额增长率从1979年的10.2%提高到1980年的18.3%。在扩张性财政政策和扩张性货币政策的支撑下，尽管当时大部分商品价格仍处于严格的行政管制之下，但物价仍然开始攀升。零售物价指数从1978年的0.7%上升到1979年的2%，进而上升到1980年的6%。

造成此次经济过热的原因主要有以下三点。

一是"新的跃进"造成固定资产投资规模增长过快，物资缺口过大。在当时，从上到下、从决策层到理论界，普遍存在着一种"要把被'四人帮'耽误的时间抢回来"的急迫心情，有着一股"大干快上"的建设热情和投资冲动，试图在原有体制上继续按照过去的高指标、高投入、低效率、低产出的粗放型增长方式组织"新的跃进"；而经济的恢复性增长又使许多人误以为组织"新的跃进"的时机已经到来。

二是农副产品价格大幅调整，价格上升过快。改革开放以前，农副产品短缺现象极为严重。改革开放初期开始的农村改革主要从两方面入手解决短缺问题。一方面推行"土地承包制"极大地调动了农民的生产积极性，另一方面以大幅度提高农副产品价格来刺激农民的生产积极性。1979年，国家对8种农副产品大幅度提高了收购价格，推动价格总水平迅速上升。在计划经济时期长期存在的隐蔽型通货膨胀得到部分显现，从而引发了价格的波动。

三是城市职工工资调整和部分奖金放开，居民货币收入增长过快。职工工资总额与调整前相比增加了200亿元，加上奖金以及其他收入的放开，人民币购买力的提高大大超过原定计划，导致财政赤字增长过快，于是只好通过向银行透支加以弥补，通货膨胀压力进一步加大。

（二）政策措施

总的来看，在 1979～1981 年的三年调整中，紧缩措施主要集中在以下三个方面：①压缩固定资产投资和基本建设项目；②压缩国防经费和行政管理费用；③加强银行的信贷管理，冻结企业存款，并向企业强行推销国库券。

关于宏观调控调整政策，李先念提出了十二条原则措施：①集中主要精力把农业搞上去，调整好农业和工业的关系；②加快轻纺工业的发展，使轻、重工业的比例协调起来，使商品供应同国内购买力和对外出口的增长相适应；③在重工业中要突出地加强煤、电、油、运和建筑材料工业的生产建设，以保证其他工业和整个国民经济的发展；④按照国民经济发展的需要和燃料动力、原材料供应的可能，认真调整工业企业；⑤坚决缩短基本建设战线，使建设规模同钢材、水泥、木材、设备和资金的供应可能相适应；⑥引进要循序渐进，前后衔接，步子不能太急；⑦我们要多引进一些国外先进技术，最可靠、最主要的途径就是要扩大出口；⑧在保持物价基本稳定的前提下，对某些不合理的价格作必要的调整；⑨坚持统筹兼顾的方针，解决好劳动力安排问题；⑩须切实控制人口的增长；⑪切实做到在发展生产的基础上改善人民生活；⑫各项计划要互相衔接，不留缺口。

此外，面对在前两年紧缩效果不够令人满意的情况，为加大紧缩力度，国务院于 1981 年 1 月 29 日下发了《关于切实加强信贷管理、严格控制货币发行的决定》，做出八条规定：①严格信贷管理，坚持信贷收支平衡，切实保证货币发行权集中于中央；②重申财政资金和信贷资金分口管理的原则，严格禁止把银行信贷资金移作财政性支出，任何单位和个人不得挪用流动资金搞基本建设，所有企业不得用银行贷款弥补亏损；③管紧用好贷款，促进企业调整，凡是国家决定停建缓建的建设项目，生产有关设备的企业，要立即停止生产，银行要停止有关贷款；④压缩物资库存和商品库存，减少流动资金占用；⑤重申信用集中于银行的原则，一切信贷活动必须由银行统一办理，任何地方和单位不许自办金融机构，不许办理存款贷款业务，不许自行贷款搞基本建设；⑥实行利率统一管理、区别对待的政策；⑦加强现金管理，严格结算纪律；⑧努力增加生产，搞活流通，切实抓好货币回笼。

在上述政策措施的作用下，通货膨胀率从 1981 年开始下降，并于 1983 年年初达到谷底，对外贸易也由赤字转为盈余。

（三）评价与反思

首先，此次经济过热的根本原因出在计划经济体制之中，而调整的方法仍然是依靠计划手段，甚至在紧缩过程中，计划经济体制反而有所强化，因此只能说是计划调整，还算不上真正意义上的宏观调控。

其次，由于从发现问题到统一认识、下决心解决问题通常要有一定的时滞，统一认识之后到政策制定又会存在一定的时滞，而政策制定到实施也会有一定的时滞，政策实施以后等到发挥作用又需要一定的时滞，所以尽管这次经济过热问题发现得还算比较早，但是经济过热的势头还是发展了一段时间。早在 1978 年的国务院务虚会上，针对大家普遍头脑发热的情景，陈云曾多次向李先念、谷牧等提出建议，希望会议能够多开几天，听听反对意见。但是 1978 年年末召开的十一届三中全会确认的"1979、1980 两年的国民经济计划安排"中，在财力、物力方面仍留下了不小的缺口。不过，在陈云一再努力下，邓小平听取了陈云的意见，暂时搁置了几年内引进 800 亿美元的想法，转而支持调整。于是，《国务院关于下达 1979、1980 两年经济计划的安排（草案）》没有发出，国家计委会同有关部门着手调整 1979 年计划。但由于转弯过急、认识不统一，调整政策没有得到有效的执行。为了转变思想、统一认识，从 1979 年 3 月到 4 月，连续召开了中央政治局会议、国务院财经委员会会议和中央工作会议，以促使中央领导、财经各部委负责人以及地方领导接受调整方针。

最后，值得注意的是，一方面在调整过程中，国务院财经委员会已经意识到我国在经济体制、经济结构、技术引进等方面存在问题，于是成立了经济体制改革研究小组、经济结构调查研究小组、技术引进研究小组，还在于光远的提议下成立了经济理论与方法研究小组。四个研究小组成立之后，不仅抽调了各相关部委的政府官员，而且还组织了有关方面的专家学者共同参与，首次对国内外相关经济情况作了大规模的集中调研。其中，以马洪、孙尚清为首的经济结构研究小组，在大量深入调研的基础上，撰写了《中国经济结构问题研究》（上下册，马洪、孙尚清主编）一书，将调研成果予以公开发表，引起了国内外经济学界的广泛关注，被国外经济学家称之为"新中国第一部用数字说话的经济类著作"。另一方面，为了彻底解决管理体制问题，1980 年在成立中央财经领导小组、解散原国务院财政经济委员会时，体制改革研究小组被保留下来，成为财经领导小组的体制改革办公室，后演变成为国家体制改革委员会。与此同时，中央高层的主要注意力也从眼前的经济调整逐渐转向长远发展规划和体制改革方面。此外，为了加强决策的科学化，防止出现重大决策失误，国务院还先后成立了经济研究中心（薛暮桥任总干事，马洪任副总干事）、技术经济研究中心（马洪任总干事、孙尚清任副总干事）以及价格研究中心（薛暮桥任总干事，为测算价格改革方案而设），并于 1985 年合并成为现在的国务院发展研究中心。

正如吴敬琏所指出的："此次波动基本上仍处于计划经济体制之下。但已经开始的具有某些由经济改革利益格局变动带来的特点，因此人们把它看作改革开放以来的第一个经济周期。"

二、80年代中后期：宏观调控摇摆不定

（一）背景

1. 第一次经济过热

1984年上半年，农村改革取得了巨大成就，三年调整的任务已经接近完成。对于1982年9月召开的党的十二大明确提出的1981年至20世纪末的20年间中国经济建设总的奋斗目标，即在不断提高经济效益的前提下，力争使全国工农业年总产值翻两番（工农业生产总值由1980年的7100亿元增加到2000年的28000亿元左右）。起初，一些人对此目标表示怀疑，理由之一是所谓"基数太大"，难以实现。为此，著名经济学家孙冶方带病撰写了《二十年翻两番不仅有政治保证而且有技术经济保证》一文。文章发表之后得到中央领导的高度肯定和各方面的广泛认可。人们渐渐认识到，"翻两番"是有可能的。同时，党的十二届三中全会讨论并通过了《关于经济体制改革的决定》，扭转了计划经济体制的回潮倾向，确立了社会主义商品经济的改革方向。于是，人心大振，许多人以为从此可以放手改革、加快发展，各地开始为"翻两番"而大干快上，经济过热的苗头随之再次显现。

造成此次经济过热的原因，一是在当时某些中央领导同志的鼓励下，各地方政府竞相攀比，层层加码，纷纷要求扩大投资规模，以便"提前翻番"。尽管后来中央政府一再号召"不要头脑发热"，但是，

一些地方政府根据以往的经验，提出"下马中上马""批评中前进"的口号，继续扩张，使得经济过热的势头很难得到遏制。

二是随着金融改革，中央银行与商业银行的资金关系从分配关系转变为信贷关系，而当时的专业银行体制存在着吃"大锅饭"的毛病，即"存款向上交、贷款向上要"，而中央银行给专业银行的贷款额度又是以上年的贷款实际发生额为基数，于是，新独立或新成立的各家银行之间也纷纷出现竞争性放贷、"送贷上门"、人为扩大基数的局面。

三是当时恰逢新中国成立 35 周年大庆，又有人提倡"能挣会花"。于是，一些机关和企事业单位纷纷突击提高工资、乱发奖金和服装等消费品，为已经过热的经济形势火上加油。这种局面导致货币供给迅速增加，通货膨胀率从 1984 年下半年开始明显上升。

2. 第二次经济过热

到了 1986 年上半年，由于"双紧措施"，工业生产遇到困难，大量基建项目已经上马并陆续完成，原材料、能源供应更趋紧张，同时由于大部分的信贷资金都用在固定资产投资上，企业的流动资金变得极其紧缺。受此影响，工业生产增长速度开始显著下降。当时，薛暮桥等一些经济学家认为，这种现象只是抑制经济过热时出现的暂时现象，用不着惊慌失措。但是许多企业和地方政府纷纷强烈要求放松信贷，同时有一些年轻的经济学者也大声惊呼经济"滑坡"了，说是"双紧"政策破坏了刚刚开始的经济"起飞"。于是，赵紫阳在控制通货膨胀问题上开始发生动摇。在各方面的压力下，从 1986 年第二季度起，中央银行重新开始大幅度放松货币信贷投放。结果，经济尚未"软着陆"却又"硬起飞"。

造成此次经济过热的原因，一是高层盲目乐观。一方面，1987 年

4月，著名经济学家、时任国务院发展研究中心主任的马洪关于"国民收入超分配"的汇报，引起赵紫阳大发雷霆，并当着各部委领导的面，把马洪狠批了一通。另一方面，1988年的"中央1号文件"，一改历年以农业为主题的惯例，专讲宏观经济问题；并指出，1987年实现了有效益的增长，速度高而无通货膨胀的危险。

二是价格闯关时机选择失误。1988年5月上旬，中央政治局常委会决定，在此后的五年中实现价格和工资改革"闯关"。然而不幸的是，1988年下半年的事态果然朝着大多数经济学家所担心的方向发展：全国零售物价指数同比攀升至26%，城市普遍出现商品抢购风潮。而倒买倒卖计划分配物资和外汇额度及其腐败现象的蔓延，更加剧了广大群众的不满情绪，使得经济问题转化为社会问题，甚至酿成政治的不稳定。

（二）政策措施

面对第一次经济过热，时任国务院总理的赵紫阳赞成加强宏观调控的主张，从1985年上半年开始，国务院连续召开了三次省长会议，要求严格控制信贷和工资奖金的发放，实行财政、信贷的"双紧"政策。虽然会议提出的政策措施是正确的，也是及时的，但是由于认识上的分歧和利益上的矛盾，具体措施一时难以落实。与此同时，信贷和工资总额的失控，使得投资需求和消费需求出现"双膨胀"现象，"双紧"政策收效不大，导致1985年上半年工业生产出现了"超高速"增长。直到1985年9月党代会，邓小平指出："速度过高，带来的问题不少，对改革和社会风气也有不利影响，还是稳妥一点好。一定要控制固定资产的投资规模，不要把基本建设的摊子铺大了。"国务院才进一步加强了信贷紧缩力度，到第四季度，信贷失控状态基本上扭转过来。

面对第二次经济过热，为了控制爆发性通货膨胀，1988 年第三季度开始急剧压缩固定资产投资规模，停止审批计划外建设项目；清理整顿公司，尤其是信托投资公司；控制社会购买力；强化物价管理，对重要生产资料实行最高限价。此外，中国人民银行也采取了一系列紧缩性货币信贷政策，包括信贷规模的控制和检查，严格控制贷款规模，并一度停止对乡镇企业贷款；提高专业银行的存款准备金率，并相应调整了利率政策。这一系列紧缩措施虽然使得通货膨胀率很快下降，但也付出了很大代价。市场表现疲软，工业生产下滑，企业开工不足，就业压力增大，财政状况恶化，出现了前所未有的过冷局面。

（三）评价与反思

面对经济是否过热和是否应当采取紧缩措施，不论是经济学界还是决策层中都存在着分歧，并伴随着激烈的理论和政策争论。然而，正是这种争论使得中国经济学家第一次搞懂了什么叫作"宏观调控"，也促使中国高层领导坚定了加强宏观调控的信念。

早在 1984 年年末、1985 年年初出现经济过热的苗头时，经济决策咨询部门和经济学家就针对当时的宏观经济形势展开了激烈的讨论。主张采取扩张性宏观经济政策的经济学家认为，对外开放、对内搞活政策的贯彻执行，客观上要求货币供应量的增加。厉以宁教授以他的"非均衡理论"论证了扩张性政策的合理性。与上述观点相反，另一些经济学认为，国际经验已经反复证明，通货膨胀既不利于发展，也不利于改革，政府应当果断采取措施，抑制需求，改善供给，在经济环境得到一定程度治理的条件下，迅速推出配套改革的第一批措施，让新经济体制运转起来，促使国民经济尽快转入良性循环。

1985 年 9 月初"巴山轮会议"召开，这次会议通过经济学家之间的深入讨论，对中国应该采取什么样的宏观经济政策作出了有充分科学根据的结论。1981 年度诺贝尔经济学奖获得者詹姆斯·托宾的发言，使那些以"西方主流经济学"名义宣称"通货膨胀有益于经济发展"的言论在一段时间里销声匿迹。托宾根据世界银行关于中国经济情况的简报尖锐地指出，中国面临发生严重通货膨胀的危险，主张中国应当采取"三紧措施"，即紧缩的财政政策、紧缩的货币政策和紧缩的收入政策来避免危机的发生，而不是西方国家在面临较温和的通货膨胀时通常使用的"松紧搭配政策"。

这场争论的政策性结论直接体现在 1985 年党代会的决议上。这次会议提出的《中共中央关于制定国民经济和社会发展第七个五年计划的建议》，提出了"七五"时期经济和社会发展必须坚持的四条指导原则，其中两条与宏观调控政策直接相关。

（1）坚持把改革放在首位，使改革和建设互相适应、互相促进

从根本上说，改革是为建设服务的。从当前来说，建设的安排要有利于改革的进行。为了改革的顺利进行，必须合理确定经济增长率，防止盲目攀比和追求产值产量的增长速度，避免经济生活的紧张和紊乱，为改革创造良好的经济环境。

（2）坚持社会总需求和总供给的基本平衡，使积累和消费保持恰当的比例

这里的中心问题是，在妥善安排人民生活的同时，要十分注意，根据国力可能来确定合理的固定资产投资规模，做到国家财政、信贷、物资和外汇的各自平衡和相互间的综合平衡。

中共全国代表会议的以上论述，是改革开始以来正确处理改革与增长、改革与经济环境之间关系的经验教训的深刻总结。不过可惜，

这些珍贵总结很快又被人遗忘，在 1986 年和 1988 年又爆发了更加严重的通货膨胀。

三、20 世纪 90 年代初期：从经济过热到"软着陆"

（一）背景

从 1989 年第三季度开始，通货膨胀开始得到控制，物价指数上涨幅度迅速下降。与此同时，市场销售出现了疲软现象，商品库存大量积压，企业生产陷入困境，企业间三角债迅速蔓延。于是，从第四季度开始，中国人民银行根据国务院的要求，开始大量向国有企业发放贷款以"启动"处于低谷的国有经济。

1991 年，中国经济由逐渐复苏的民营经济领头，开始走出谷底。在 1991 年年底，为了搞活国有大中型企业，国务院公布了 20 条措施，其中包括进一步下调利率。1992 年年初，邓小平发表了著名的"南方讲话"，号召加快改革和发展。他的讲话促进了经济的上升势头，在全国上下掀起了新的改革和发展的浪潮。值得一提的是，实际上，在此前一年，邓小平在南方也曾经讲过一次，但是效果不是很大——从经济角度上讲，主要原因是当时各方面经济条件尚不成熟，"三角债"问题盘根错节，所以人们并没有投资意愿。但是到了 1992 年，在朱镕基解决企业间拖欠问题后，南方讲话才起到了巨大的刺激作用。

在 1992 年国民经济新一轮高涨中，地方、部门、企业表现了很高的积极性，分别采取了许多主动行动，推进本地区、本单位的改革开放，对市场作用范围的扩大起了重要作用。但是，中央政府部门对推进改革却显得消极被动。他们没有采取措施来推进需要由国家领导机构推动的财政、金融、国有企业等关键部门的改革。与此同时，还采取了扩张性货币政策刺激增长。1992 年 M1 和 M2 的增长率分别高达 35.7% 和 31.3% 。于是，各级地方政府和国企领导人便把他们的注意力集中到了基本建设方面，经济迅速达到了过热状态。同时，很快吹起了集资热、开发区热、房地产热、债券热、股票热、期货热等经济泡沫。

1992 年 11 月，中央政府全面分析经济运行情况，及时提出形势大好，但要防止过热。党中央、国务院领导同志也一再强调这个问题。但是由于新旧体制交替，新的经济现象不断涌现，再加上利益主体多元化，各方面认识很不统一，经济形势朝着过热的方向发展。到 1993 年上半年，通货膨胀的危险已经十分明显，人民币兑美元汇率在 1992 年 11 月到 1993 年 5 月的 6 个月时间内贬值 45%。同时，经济运行还出现了高投资、高货币投放、高物价、高进口以及金融秩序混乱、生产资料市场秩序混乱的"四高两乱"现象。尤其在金融领域出现了"乱集资、乱拆借、乱设金融机构"的三乱象。此时，经济过热才逐渐达成共识，加之 1993 年 4 月邓小平的亲自干预，才使最高领导层做出决定，采取措施实现宏观经济稳定。

（二）政策措施

1993 年 6 月，中共中央和国务院发出《关于当前经济情况和加强宏观调控的意见》，宣布采取"十六条措施"来稳定经济：①严格控制货币发行，稳定金融形势；②坚决纠正违章拆借资金；③灵活运用利率杠杆，大力增加储蓄存款；④坚决制止各种乱集资；⑤严格控制信贷总规模；⑥专业银行要保证对储蓄存款的支付；⑦加快金融改革步伐，强化中央银行的金融宏观调控能力；⑧投资体制改革要与金融体制改革相结合；⑨限期完成国库券发行任务；⑩进一步完善有价证券发行和规范市场管理；⑪改进外汇管理办法，稳定外汇市场价格；⑫加强房地产市场的宏观管理，促进房地产业的健康发展；⑬强化税收征管，堵住减免税漏洞；⑭对在建项目进行审核排队，严格控制新开工项目；⑮积极稳妥地推进物价改革，抑制物价总水平过快上涨；⑯严格控制社会集体购买力的过快增长，要加强集团购买力的控购管理工作。

这些基本措施可以分为三类：①行政措施，包括限期收回违章拆借的贷款、加强对专业银行贷款的额度控制、重新审定投资项目等；②经济措施，包括两次提高了银行的存贷款利率、恢复保值储蓄、发售国债等；③进行改革，以便消除通货膨胀的微观基础和建立适合市场经济的宏观调控体系，包括国有企业改革、财政体制改革和银行体系改革等。

"十六条措施"出台后，经济过热压力很快得到缓解。狭义货币（M1）增长率从 6 月份的 34% 下降至 10 月份的 15.6%；国有部门的投资增长率从 74% 下降到 58%；生产资料价格增幅从 52.95% 下降至 31.35%。外汇调剂市场人民币对美元兑换率也从 1993 年 11 月的 1:11.5 回落至 1:8.7。

然而，由于经济过热往往存在一定的惯性，而紧缩政策的效果也存在一定的时滞，同时有外需旺盛以及粮价飙升等因素，1994 年的通货膨胀率超过了 20%，其中消费者物价指数上涨 24.1%，零售品物价指数上涨 21.7%。为此，中央政府首先是控制粮食价格，进一步强化了行政手段对价格的直接控制，其中包括对粮食零售价进行限价。此外，1994 年 4 月，国务院决定对 20 种生活必需品实行严格的价格审核。5 月对国产陆上原油、汽油、航空燃料油、轻油、重油等出厂价格和销售价格全部实行国家统一定价。6 月，国务院重申对棉花不开放市场、不开放经营、不开放价格，由供销社统一收购，其他任何企业和私商都不得插手棉花的收购、加工和销售，要求各地加强对棉花购销的管理。9 月，国务院决定对化肥等重要农业生产资料实行两级调控和储备，重要化肥品种的出厂价格分别由国家计委和省级物价部门具体规定；对化肥零售实行供销社统一经营，对零售价格实行批零价格差率控制；各零售单位不得另行增加费用。

同时，在 1994 年年初，中共中央把"抓住机遇、深化改革、扩大开放、促进发展、保持稳定"确定为当年经济工作的基本方针。其中很重要的一点就是，中央政府在加强宏观调控的同时，出台了财税、金融、外汇等一系列宏观配套改革措施，具体包括：财税体制方面实行分税制改革；金融体制方面成立了三家政策性银行，把四家国有专业银行转变为国有商业银行，实现了政策性金融和商业性金融的分离；外汇管理体制实施了汇率并轨，并确定了有管理的浮动汇率制；外贸体制也进行了改革等。

在宏观调控和宏观配套改革措施的双重作用下，从 1995 年第二季度开始，物价走势开始回落。1995 年，居民消费物价指数上涨 17.1%，零售物价指数上涨 14.8%，GDP 增速为 10.9%。1996 年，居民消费物价指数上涨 8.3%，零售物价指数上涨 6.1%，GDP 增速仍维持 10%。中国经济成功实现"软着陆"。

（三）评价与反思

此次应对经济过热的调整与历次调整主要依靠加强计划管理不同的是，通过深化改革消除这一轮过热的制度根源。中央政府适时出台了财税、金融、外汇等一系列宏观配套改革措施，从根本上抑制了经济过热，并成功实现了经济"软着陆"。这集中体现在 1993 年 11 月中共十四届三中全会通过的《中共中央关于建立社会主义市场经济体制若干问题的决议》中，要求改革在财税体制、金融体制、国有企业、新的社会保障制度等方面整体推进，确保 20 世纪末前初步实现社会主义市场经济体制。

四、世纪之交：应对亚洲金融危机

（一）背景

第二次世界大战之后，日本经济从废墟中崛起，创造了 20 多年的持续高速增长，到 20 世纪 80 年代，其经济实力达到了顶峰。韩国、新加坡、中国台湾和中国香港等亚洲"四小龙"也逐渐跟上，以骄人的经济增速在全世界领先，并在 90 年代初跨入了"新兴工业化经济"（NIEs）。这些国家和地区以向美国等发达国家输出资本和商品，支持了 20 世纪 80 年代后期整个世界的经济繁荣，因此被誉为"东亚奇迹"。

然而，在举世争说"东亚奇迹"、大力赞美"东亚模式"的时候，也有冷静的经济学家对东亚经济潜在的危机发出了警告。在 1994 年，克鲁格曼认为，东亚诸国并没有创造什么"奇迹"，它们的快速发展所依靠的是国内高额储蓄所提供的投资，而不是生产效率的提高，因此，其增长速度注定会跌落下来。遗憾的是，这些警告并没有引起人们正面的回应，就在人们对克鲁格曼的警告逐渐淡忘时，爆发了波及亚洲多国和地区的金融危机。

中国在 1994 年外汇体制改革和人民币深度贬值之后，开始全面执行出口导向战略。此后，中国出口贸易快速增长，贸易平衡也逐步转变为每年高达数十亿美元的顺差。巨大的外部需求弥补了国内需求的不足，为经济增长提供了强有力的支撑。使中国在 1993 年后采取紧缩政策的背景下，仍能保持每年 10% 左右的经济增速。但是这种依靠外部需求支撑的繁荣，很快便受到了来自亚洲金融危机的冲击。

中国受到亚洲金融危机的冲击主要有两个方面的原因。一是国际因素。在中国深度融入国际经济体系以及出口依存度较高的情况下，邻近国家货币的竞争性贬值和进口削减，使中国对这些地区的出口和从这些地区获得的外商直接投资大量减少，加剧了中国市场的疲软程度。二是国内因素。首先，1993 年之后的紧缩措施存在一定的惯性。其次，在对国有经济进行战略性改组的过程中，一方面要废弃一部分多余的产能，另一方面产生了大量下岗职工，这也导致了国内需求的减少。最后，在改革过程中，特别是在住房制度改革和社会保障制度改革过程中，旧的由国家统包的旧制度破除得很快，但是新的保障制度建立较慢，导致人们的储蓄倾向提高而消费倾向减少。

以上内外因素同时发生作用，促使中国经济增长从 1998 年初开始发生转变，并进入了长达两年的通货紧缩时期。

（二）政策措施

中国政府自 1998 年年初开始从需求和供给两个方面分别采取有力措施，推动改革，刺激增长。

从需求方面看，宏观经济部门采取的政策措施包括：①实行以国债投资为主的"积极的财政政策"，1998～2001 年间共发行长期国债约 5100 亿元，主要用于基础设施建设，如高速公路、发电、大型水利工程等，很快刹住了投资下滑的势头；②四大国有商业银行对国债投资项目的"配套资金"与财政拨款总额大致相等；③与财政政策配套的货币政策名为"稳健"实为适度扩张，中央银行连续七次降低贷款利率，增加货币供应。此外，住房制度改革打开了住房需求大门；而加入 WTO 打开了国际市场的需求大门。

从供给方面看，主要是大力推进改革来提高企业活力，其中包括：①根据中共十五大对国有经济布局进行有进有退的调整要求，将数十万家国有中小企业改制成为产权明晰、市场导向的民营企业；②采取了一系列措施来改善民营企业的创业环境和经营环境，包括国家经贸委设立中小企业司，专门帮助中小企业发展；在金融系统改善对中小企业的金融信贷服务，各省（自治区、直辖市）纷纷成立了中小企业信贷担保公司和基金来帮助中小企业改善融资环节等；③加快了国有企业改革的步伐，对石油、通信、铁路、电力等大型国有企业集中的部门进行了重组，同时进行这些企业的公司化改制。主要做了三件事：第一，实现政企职能分离和建立新的政府监管框架；第二，打破行业垄断，促进企业间的竞争；第三，企业经过重组在海内外证券市场上市，在股权多元化的基础上搭建起公司治理的基本框架。

（三）评价与反思

随着时间的推移，上述两方面政策的作用力度对比也发生了变化。供给方面政策的作用已经明显地超过了需求方面政策，成为新一轮经济增长的主要动力。

一方面，长期使用需求方面政策存在一定的问题。一是财政投资具有减少民间投资的"挤出效应"；二是在一般的竞争领域内，政府投资往往缺乏效益上的优势；三是从长期来看，政府所发行的国债最终需要增加税收来偿还，这样就会抑制民间投资的积极性，使投资环境变得不那么有利。

另一方面，供给方面政策作用超过需求方政策主要体现在两个方面。一是民间投资已经成为社会投资的主要部分，并且其影响力在逐渐增强。与国有投资增长放缓的趋势形成鲜明对照的是，民间固定资产投资的平均增幅在 1998～2001 年间分别达到了 20.4%、11.8%、22.7% 和 20.3%，不仅高于国有投资，还高于全社会投资的增幅。二是在民营经济出口带动下，中国出口依然保持了高速增长的势头。其中关键政策在于 1999 年政府开始允许民营企业自营出口以及 2001 年中国加入 WTO，使得在全球贸易绝对额下降的情况下，中国出口依然大幅增加，并且在全球贸易中的比重显著上升，从而遏制了经济下滑。从 2000 年中期开始中国经济进入了新一轮上升期。

五、2003～2008 年：流动性过剩下的"繁荣"

（一）背景

从 2003 年年初开始，中国经济急速升温。这次经济升温主要由两方面因素促成。

第一，由"形象工程"和"政绩工程"拉动的空前投资热潮。2002 年年末、2003 年年初，各级党政领导进行换届，随后许多地方的新任领导相继提出了规模宏大的市政建设（民间称为"形象工程"）和工业建设（被称为"政绩工程"）计划。于是，固定资产投资迅速升温，其中尤以房地产投资为甚。此外，许多地方宣称"中国已经进入重化工业化时代"，并要求把资本密集的"重化工业"作为本地区投资的重点。

第二，外汇占款迅速增长，使中央银行货币投放被动快速增长。中国 20 世纪 90 年代全面实施的出口导向战略加之 2001 年中国加入 WTO，使得中国出口贸易迅速增长，带动了中国经济的增长。然而，在成功的实施这一政策一段时间之后，中国也遇到了外汇储备大量增加、贸易摩擦加剧、货币政策作用空间收窄等问题。中国出现了经常账户和资本账户"双顺差"不断增长的趋势，中国外汇储备从 2002 年起连续 6 年保持 30% 以上的增长速度，在 2004 年甚至达到了 51% 的记录。根据"克鲁格曼不可能三角形"，中国人民银行只能被动收购外汇并且不断投放基础货币，人民币流动性迅速增长。

面对从 2003 年开始的这种经济形势，各界存在较大的分歧。一种观点认为，经济形势总体上已经出现过热倾向。主要依据是投资和信贷增长过猛，固定资产投资增长 30% 左右，M2 增长一度达 20%。我国 1985 年、1988 年和 1993 年的经济过热，主要表现为投资和信贷膨胀。这次投资高增长与货币信贷大投放，已经与历史上出现投资和信贷膨胀情形相类似。另一种观点认为，经济形势总体上没有过热，但已出现局部过热现象。一是在钢铁、水泥、电解铝、房地产、汽车等领域出现低水平重复建设的倾向；二是在部分地区出现盲目投资和大干快上的倾向；三是物价水平上升趋快，特别是生产资料价格和农产品价格上涨较快，通过成本推动和需求拉上，带动物价总水平上升，通货膨胀压力开始显现。其中，"局部过热"的观点一直占据主导地位，在这种总体判断下，有关部门仅仅加强了对钢铁、水泥、电解铝、房地产等"过热行业"的投资审批、市场准入等行政控制。

然而到了 2006 年，不仅房地产价格没有得到遏制，股市价格也一跃而起，上证综合指数从 2006 年年初的 1163.88 点一路飙升至 2007 年 10 月 16 日的 6124.04 点的历史最高点。而通货膨胀率也迅速升高，2007 年第二季度突破 3%，2008 年更是达到 8% 的高位。

（二）政策措施

2003 年，中国仍然延续着为应对亚洲金融危机而实行的积极的财政政策和稳健的货币政策，而从 2004 年开始，财政政策和货币政策分别开始逐步向适度从紧转型。

从货币政策来看，人民银行在2004年3月宣布提高再贷款利率并实行再贷款浮息制度，4月上调存款准备金率0.5个百分点，同时允许贷款利率打开上限。针对部分城市房地产价格的过快上涨，2003年6月，中国人民银行发布了《关于进一步加强房地产信贷业务管理的通知》，要求严格控制土地储备贷款的发放，规范施工企业流动资金贷款，第二套及以上购房的首付款比例提高以及贷款利率上浮。2005年3月，央行宣布调整商业银行住房信贷政策，取消住房贷款优惠利率，提高按揭贷款首付比例。2005年7月，央行上调美元兑人民币的交易价格，出台了一系列完善人民币汇率机制的相关政策以及措施。2006年，由于经济过热加剧，央行从4月份起推出了一系列货币紧缩措施。2006年4月和8月两次加息各0.27个百分点，5月、6月、7月、12月四次定向发行票据，共计约4100亿余元。2007年，货币政策显现出从稳健向从紧的转型。2007年6次加息，每次各0.27个百分点，10次上调存款准备金率，每次0.5个百分点。准备金率已达14.5%，创下当时的历史新高。中国人民银行通过定向发行票据和买卖特别国债等方式进行公开市场操作，回收大量流动性。

从财政政策来看，2004年长期建设国债从2002年的1500亿元缩减到1100亿元，2005年长期建设国债进一步缩减到800亿元。

在一系列宏观调控措施之下，尽管2007年仍然实现了11.4%的经济增长，但是居民消费价格指数上升至4.8%，商品零售价格指数上升到3.8%，中国面临着"经济过热"和"泡沫化"的双重风险。

（三）评价与反思

首先，积极的财政政策退出时机过晚。2002年，时任财政部部长的项怀诚曾提出"积极的财政政策要逐步淡出",但是没有得到足够的重视,财政赤字和国债发行依然快速增长。直到2004年年初出现新开工项目和固定资产投资迅速增加的现象时,才引起党中央和国务院的高度重视,2004年年底召开的中央经济工作会议上中央才决定将我国实施了近七年的积极财政政策变为稳健的财政政策,然而积极的财政政策的退出为时已晚。

其次,人民币汇率形成机制改革滞后。2004年,中国外汇储备增速创下了51%的记录,然而对于中国应当采取什么样的汇率政策国内仍存在较大分歧。一种观点认为,保持人民币汇率低估固然在短期内有利于出口,但是从长期看,不仅损失了中国的福利,更不利于出口产业的转型升级。同时,央行被动收购外汇,投放基础货币,造成了人民币流动性的泛滥,这些都不利于中国经济的平稳快速发展。因此,应当对外汇管理体制进行改革,推进人民币汇率形成机制的市场化,并且提高中国出口产品的竞争力和提升附加值。但是,这一改革措施没有被大多数人所接受。直到2005年7月,中国人民银行才宣布恢复有管理的浮动汇率制。但是,由于改革措施推出过晚,人民币升值预期强烈,再加上中美贷款利率倒挂,使得国际上的"热钱"以更快的速度流入,增加了人民银行收购外汇的压力,人民币流动性不降反升。

最后,房地产调控政策自相矛盾,效果不佳。自1998年我国取消福利分房以来,房地产市场步入快速发展阶段。然而,随着住房市场化进程的逐步推进,各种问题不断暴露出来,主要集中在房价过快上涨、住房供给结构失衡、经济严重依赖房地产投资等方面。面对房地产业发展过程中出现的各种问题,2004年以来各级政府频频出台房地产调控政策。据不完全统计,2004~2007年间国家有关部门共出台约16项涉及稳定房价的房地产调控措施,但是效果并不明显,房价过高、住房供给结构失衡以及中低收入者住房困难等问题仍很突出，其中关键原因在于房地产调控政策常常出现自相矛盾的情况。如 2003 年 6 月，中国人民银行发布了《关于进一步加强房地产信贷业务管理的通知》，意在抑制房地产市场过快发展，然而仅在两个月后国务院便发布了《关于促进房地产市场持续健康发展的通知》，将房地产业定位为拉动国民经济发展的支柱型产业之一，并且提出要保持房地产业健康发展。于是，房地产贷款不降反升，错过了房地产调控的时机。

六、2008 ~ 2011 年：应对全球金融危机

（一）背景

2006 年春季逐渐显现的美国次级贷款危机（Subprime Mortgage Crisis，即次贷危机）迅速向美国金融体系蔓延，最终演变为全球金融危机。

2007 年，中国正处于景气循环的高位，次贷危机的爆发使中国经历了一次过山车式的剧烈波动。次贷危机对中国的冲击主要沿着两条路径。其一是引发了某些高杠杆率的中国企业发生局部性的资产负债表危机，进而导致金融体系中一系列连锁反应，引起资本市场的价格跌落和"泡沫"破灭。其二是西方发达国家经济不景气，直接导致中国外需急剧萎缩，从而结束了本轮的上升周期。

2008 年年初的中国经济仍然延续了 2007 年的走势，但是从第三季度开始情况急转直下。工业增加值在 6 月份仍保持 16% 以上的增速，但是到了 9 月份下降至 11.4%，10 月份下降至 8.2%，11 月份更下降至 5.4%。出口增速也急转直下，甚至出现负增长，2008 年 11 月同比下降 2.2%，并且此后愈演愈烈。居民消费价格指数在 2008 年上

半年仍维持在8%以上，但是8月份迅速回落至5%以下，11月份下降至2.4%，12月份仅为1.2%。生产者价格指数同样从8月份开始急剧下滑，12月份时更下降至-1.1%。股票市场上，上证指数从2007年10月开始，在不到一年的时间里跌去了2/3。房地产价格一改过去迅猛的上涨势头，2008年12月下降0.4%。中国经济遇到了前所未有的困难。

（二）政策措施

面对国内外经济形势的巨大变化，我国政府及时果断地调整了宏观调控的方向和政策，由2008年年初的"双防"（防止经济增长由偏快转为过热、防止价格出结构性上涨演变为明显通货膨胀）转向年中的"一保一控"（保持经济平稳较快发展、控制物价过快上涨），到第四季度又调整为"一保一扩一调"（保增长、扩内需、调结构）。

2007年，我国财政政策延续了以往的稳健基调，但货币政策从以往的"适度从紧"转变为"从紧"。在2008年全球金融危机逐渐向实体经济蔓延的情况下，宏观调控再次做出重大调整，财政政策从"稳健"转向"积极"，货币政策从"从紧"转向"适度宽松"，以应对金融危机可能对我国经济产生的不利影响。

在积极的财政政策方面，2008年11月5日召开了国务院常务会议，会议确定了进一步扩大内需、促进经济增长的十项措施。落实这些措施的投资额到2010年年底约需4万亿元人民币，其中，2008年第四季度先增加安排中央投资1000亿元。此次政府投资，除主要投到基础设施外，还向民生工程、生态环境建设和灾后重建等方面倾斜，如国家计划在未来3年投资9000亿元用于保障性住房建设。除了依靠投资来拉动内需外，这次积极的财政政策还调整了税收政策，多次调整部分行业出口退税率，2008 年以来累计调高了半数以上出口产品的出口退税率，并在全国所有地区、所有行业全面实施增值税转型改革，这有助于鼓励企业技术改造，减轻企业负担约 1200 亿元。此外，这一次宏观调控时还取消了利息税。

在适度宽松的货币政策方面，中国人民银行分别于 2008 年 9 月 25 日、10 月 15 日、12 月 5 日和 12 月 25 日四次下调金融机构人民币存款准备金率，于 2008 年 9 月 16 日、10 月 9 日、10 月 30 日、11 月 27 日和 12 月 23 日连续五次下调金融机构存贷款基准利率。值得一提的是，11 月 27 日一年期人民币存贷款基准利率下调了 1.08 个百分点，如此大的调整力度，为中国人民银行近年货币政策调控历史上所罕有。此外，取消了实行将近一年的商业银行信贷额度控制。

在产业政策方面，相继制定了钢铁、汽车、造船、石化、轻工、纺织、有色金属、装备制造、电子信息以及物流业等十大重点产业调整和振兴规划。随后又研究出台国家中长期科技发展规划，把重大科技专项的实施与经济发展紧密结合起来，做强、做大装备制造业，加快发展高新技术产业集群。

（三）评价与反思

单纯地依靠刺激政策，而没有实施相应的配套改革措施来应对危机，是此次宏观调控最大的教训。如果不考虑宏观调控的成本，单从危机应对的角度来看，可以说此次宏观调控的反应是及时的，时机是准确的，力度是合理的，效果是明显的。但是，如果考虑到严重的地方政府债务问题、巨大的房地产泡沫、严重过剩的产能、高企的企业杠杆率、日渐丧失竞争力的外贸产业、不断攀升的银行坏账以及不断扩大的贫富差距等刺激政策的"后遗症"，那么很难说此轮宏观调控是成功的。因为，面对着诸如地方政府"唯GDP论"的考核体系、地方政府的"土地财政"、预算软约束和拥有政府隐性担保的国有企业、追求重化工的产业政策、非独立的国有商业银行体系、扭曲的收入分配制度等体制机制问题，单纯的刺激政策只会加剧体制机制的扭曲。可见，问题不在于是否推出刺激政策，而在于刺激政策的推出忽视了中国经济固有的结构性体制弊端，直接体现在执行过程中缺乏相应的配套改革措施，如推动政府向服务型政府转变、改革现行财税体制、实施功能性产业政策、国有企业退出竞争性领域回归公共服务领域、理顺要素价格的形成机制、政府从商业银行退出转而建立政策性银行等。因此，只有刺激政策与改革措施同时发力，才是中国经济应对危机的正确之路。

执笔人：魏加宁　杨　坤

第三章

我国宏观调控环境发生转折性变化

　　世界上并没有一成不变和放之四海皆准的宏观调控架构。一国的宏观调控框架，除了遵循一般的理论基础外，很大程度上建立在经济运行内在机制和发展阶段的现实基础上。市场化程度、开放程度、经济规模、供求条件和国际经济分工地位等因素，对一国的宏观调控环境都有重要影响，也对一个国家如何构建有效的宏观调控框架起决定性作用。在2008年国际金融危机以后，全球都在反思现行的宏观经济理论和宏观经济政策。与此同时，中国经济发展也呈现出不同以往的新趋势和新特点，进入了一个不同以往的新阶段，宏观调控的环境正在经历重大变化。

一、供求条件变化，总需求管理效应减弱

（一）需求增长不同以往

　　一是出口拉动作用减弱，增长低速企稳。受国际经济危机的冲击，世界经济增长进入低迷期，外部需求空间相对收缩。同时，由于我国要素条件的变化，传统低成本优势削弱，出口对我国经济的

拉动作用明显减弱。出口将从超过 20% 的高增长，调整为低于 10% 的增长。从近几年看，贸易部门的调整要快于非贸易部门，出口调整呈现较快企稳的态势。二是高投资难以为继。经过三十多年快速发展，我国工业传统领域很多产业已经相对饱和，不少代表性工业产品产值出现或临近峰值，产能过剩突出，投资效率持续走低。房地产市场出现趋势性调整，城镇户均住房超过一套，新开工投资峰值已过。购房适龄人口峰值已经出现，房地产投资总体增速明显放缓。基础设施投资主要架构和干线建设基本完成，虽然尚有空间，但带动力已下降。根据我们的测算，2013 年将是我国投资率最高的一年（47.5%），随后投资率虽仍会在一段时期维持较高水平，但总体将呈下降态势。三是消费结构升级加快，集中爆发力减弱。以往以住宅、汽车为主要带动力，排浪式的消费时期正在结束，而以追求个性、高品质、安全、健康的新消费需求开始出现。我国已经在 2013 年超过日本，成为全球第二大经济体，原有爆发式、集中释放的消费模式已经逐渐变化。

（二）供给条件发生深刻变化

一是劳动力供给格局变化。从 2012 年开始，我国劳动年龄人口开始降低，而且在整个"十三五"期间将维持年均减少 200 万的态势（按照中国第六次人口普查数据）。刘易斯拐点已经出现，农村剩余劳动转移潜力大幅下降。二是资本投资效率下降。近年来，我国增量资本产出率持续走高（2014 年已达到 4.7），资本投资回报率持续下降。根据国务院发展研究中心中长期课题组（陈昌盛、何建武，2013）测算，近年来我国综合投资回报率已经明显下降，已由原来 17% 左右的平均水平，下降到 13% 左右的水平。三是全要素生产率（TFP）增速下降。1978～2008 年，我国 TFP 年均增长达到 3.7%，但是 2009 年以后增速明显回落，2009～2013 年平均增长率仅 1.6%。这既有技术追赶的规律性因素，更反映了我国原有生产率提升路径作用减弱的现实。直接从国外引进技术的空间明显变小，同时要素从农业部门向非农部门转移释放效率的作用也在减弱。另外，资源环境约束硬化强化。空气、水和土壤污染问题已经十分严重，不少环境承载力已经达到或接近极限，同时人民对良好安全环境的要求日益突出，绿色、低碳和循环发展成为新要求。

（三）资源配置方式亟须调整，总需求管理政策效应减弱

作为后发国家，由于先行国家有成熟的经验、技术和产业发展道路可供直接学习借鉴，与社会主义政府资源配置力相结合，就会在追赶道路上释放巨大能量。但是随着我国不少领域接近世界前沿，现成的技术和经验越来越少，产业发展的方向不再清晰，需要更好发挥千千万万市场主体的能动性和试错能力。在这样的背景下，强政府配置资源的优势就会大打折扣，政府主导作用就需要让位。同时，正是由于产业发展方向、基础设施需求等，在快速追赶期都比较看得准，而且需求空间巨大，宏观调控中需求管理的效果十分突出。但随着供求条件的以上变化，原有需求基本饱和，产能总体过剩，新需求又需要创新供给来满足，资产重组比资产扩张更为紧迫。这样，在新形势下的宏观调控中，总需求管理的作用也会相对减弱，为了更好地发挥供给政策的作用，需要创造良好的环境和制度条件，真正让市场在资源配置中发挥决定性作用，激发市场的活力、潜力和创新能力。

二、国际经济格局调整，政策溢出效应和潜在冲突凸显

（一）世界经济格局朝有利于发展中国家方向调整，政策冲突的可能性增加

金融危机爆发后，由于中国强有力的政策刺激及其对大宗商品的巨大需求，带动新兴经济体快速增长，而发达经济体则总体陷入衰退，世界经济呈现双速增长格局。随着近几年的调整，发达经济体，特别是美国实体经济发生了一些积极变化，投资和消费信心有所回升，带动经济逐渐走出衰退并出现小幅回升。与此同时，新兴经济体则因全球经济增速放缓和自身潜在增长率下降，经济增速明显回落。世界经济增长由"双速增长"格局逐渐向低速增长收敛。即便如此，全球经济增长重心由发达国家向新兴经济体转移、发展中国家相对力量上升态势并未逆转。在危机爆发前的2004~2008年，发达国家对全球经济增长的贡献率（44%）就已经低于发展中国家（56%）。在危机爆发后的2008~2013年，两者的差距扩大（13%和87%）。相应的，发达国家和发展中国家经济总量之比，已从20世纪90年代的约5∶1变为目前的约2∶1。受发达国家经济持续低迷的拖累，近两年发展中国家的经济增长也有所放慢，但仍明显高于发达国家。在新兴经济体当中，中国的表现尤为突出。2008年以来，中国已超过美国和欧盟，成为拉动世界经济增长的第一大引擎。2013年中国的GDP占全球12.5%。伴随着中国经济地位的大幅提高，在国际上受关注的程度空前提升，国际社会对中国在全球经济治理中发挥更大作用，中国内部经济政策的溢出效应会越来越明显。需要特别注意的是，由于各国经济内在结构矛盾、发展水平和所处经济周期阶段明显不同，

各自的政策重点也将不同，在力量对比变化格局下的冲突性将进一步突出。发展中国家总体面临的潜在增速下降，与发达国家危机应对政策逐步退出以及发达国家内部和新兴国家内部的复苏步调的差异，在短期政策上将出现明显的分歧，在开放经济下的外部影响会明显增加。

表3-1　　　　　　　　发达国家与发展中国家力量对比　　　　单位：亿美元，现价

年份	全球 GDP	发达国家 GDP	发展中国家 GDP	发达国家/发展中国家（倍数）
1970	28967.6	22939.3	6028.3	3.8
1980	110208.0	86643.8	23564.3	3.7
1990	219768.6	182734.5	37034.1	4.9
1991	230559.7	193018.1	37541.6	5.1
1992	246594.1	207382.2	39211.9	5.3
1995	297798.5	247947.1	49851.4	5.0
2000	323293.5	264422.3	58871.1	4.5
2005	456753.4	359144.8	97608.6	3.7
2010	645483.0	457399.1	188083.8	2.4
2011	714488.1	496152.7	218335.4	2.3
2012	729053.4	498867.6	230185.8	2.2
2013	748998.8	504470.2	244528.6	2.1

资料来源：作者根据世界银行数据计算（2014）。

（二）全球价值链在冲突中重构，发达经济体创新中心地位不变

国际金融危机后，发达国家反思过度追求经济服务化、虚拟化的教训，纷纷推出"再制造"战略和工业智能化升级，试图在具备比较优势的产业或价值环节上提高竞争力，扩大市场份额。新兴经济体则通过产业升级和对外直接投资，延伸、扩展产业链，从而突破传统国际产业分工对发展空间的约束。全球价值链重构在推动国际市场竞争

的同时，也促进了国际分工的深化和区域利益融合。价值链重构带来市场竞争和动荡，促使各国争相加入或发起新的自由贸易安排，在寻求稳定和长期市场空间的同时，培育区域间组合比较优势。美国主导的"跨太平洋伙伴关系协定"，东盟推进的"区域全面经济伙伴关系"等，中国倡议的"一带一路"战略，将对亚太地区一体化和全球经济格局产生重大影响。推进中的美欧自贸区、日欧自贸区，可能在发达经济体之间形成紧密联系，制约发展中国家的市场拓展。在全球价值链的变化和区域经济合作确实呈现不同以往的新态势，但并没有改变发达经济体总体上仍是世界创新中心的格局。信息和知识的流动，资金和技术的流动，对主要经济体的经济政策和宏观调控协调提出了新的挑战。

（三）开放经济下宏观政策协调对我国是巨大挑战

全球化和国际分工深入发展，宏观经济政策效应跨境溢出的问题越来越凸显，没有一个国家能做到可以不受到其他国家政策影响，在危机期间加强政策协调尤为重要。危机应对的历史现实告诉我们，积极维护汇率稳定，加强国际协调合作，提前或者及时制定共同应对危机的安排，可以阻止经济危机的跨境蔓延，提高各国稳增长措施的有效性，从而降低应对区域性或者全球性危机的成本。一个典型的例子就是在亚洲金融危机期间，由于东南亚各国缺乏一个有效的协调机制，结果导致危机迅速蔓延，部分国家为了获得国际货币基金组织的救助，还进行了不恰当的紧缩性结构改革，进一步加深了经济衰退的程度。而在 2008 年，为了共同应对全球性的金融危机，主要经济体发起设立 G20 平台，而国际组织、各国央行也加强了协调，这些都为应对经济下行起到了积极作用，一次百年一遇的大危机最终没有演变为新的大萧条。作为一个大国，我国在危机期间明确反对贸易保护主义，加强了全球政策协调，对持续推动全球化进程发挥了积极作用。中国经济在世界经济中的地位越来越重要，中国因素已成为影响全球经济的关键变量，加强政策协调沟通，提升开放条件下大国宏观经济管理能力，变得比以往任何时候都更加重要。但是，以往我们更多把外部经济作为外生变量处理，而当前很多国际经济变化，其实背后反映的是中国因素自身的变化。中国宏观政策溢出效应会明显增大，其影响和反馈机制变得更为复杂。这对缺乏开放大国宏观经济调控政策经验的我国，无疑将是一个新的且不能回避的挑战。

三、市场机制作用强化，行政性措施效果减弱

（一）市场主体结构变化，行政性干预效果打折扣

随着我国市场经济体制改革的深化，市场和价格机制在资源配置中的作用已经越来越重要。目前，非公有制企业占全国企业数接近90%，对国家税收贡献已经达70%，对城镇就业的贡献是80%，其中新增就业的90%来自非公有经济部门。虽然各级政府和国有企业对资源配置仍有一定程度上的影响，但已经不是整个经济运行的主流，即便是国有企业运行也越来越按照市场需求来作经济市场决策。政府主导资源配置的发展模式越来越行不通，如果政府直接干预微观企业经营，微观企业可以采取"以脚投票"的方式做出回应。市场化程度不断深化的过程，决定了宏观调控必须采取市场化的机制，数量管制、信贷配给、审批、行政干预进入或退出等措施，政策效果越来越差，而且由此带来的社会成本会明显增加。

（二）产业政策面临新挑战，原有运作模式不可持续

在过去快速追赶时期，一个重要的前提是产业发展有先行国家经验可以直接学习。按照雁行发展理论，产业发展会呈现明显的阶段性和梯度发展特点，后发国家可以根据自己的比较优势，选择重点发展产业，并融入全球价值链，就可以实现产业的快速发展与追赶。如果政府再强力配置资源，实施选择性产业政策，短期效果会十分明显。这在很多东亚经济体的快速发展过程中已经是一条成熟的成功经验。但当一国很多产业发展越来越接近世界前沿，众多产业出现全球性产能过剩以后，这种产业选择的模式就面临苦难。当企业家和政府都不知道下一步产业发展的方向时，东亚模式的产业政策就难以发挥积极效果，如果仍坚持采取政府选择性产业政策，可能会将一国产业发展引导向完全错误的方向，甚至长期丧失发展机会。

（三）创新和开放条件下，管制成本上升，挑战原有监管模式

金融创新、商业模式创新日趋活跃，利率、汇率进一步市场化，人民币国际化进程加快，金融走向更加开放和混业发展，已经成为不可逆转的大趋势。在此背景下，首先，资本跨国流动的渠道和复杂程度大大增加，原有对资本流动管制方式的效率明显降低，有效和精确对冲变得十分困难；其次，不同类型金融运营日趋融合，金融发展集团化、混业化和平台化趋势明显，现行以机构为核心的分业监管框架已经不适应新阶段的需求；再次，互联网与金融业加快结合，互联网金融正在重新塑造全球和中国金融板块，现有的规制和监管模式难以适应。另外，对系统性风险管理，提升整个金融系统的稳定性的要求更为紧迫，宏观审慎框架对现有的监管模式提出挑战。曾经一度被认为是正确的共识，认为金融监管与宏观调控可以严格分开的观点，在金融危机后进行了深刻反思，并被抛弃。金融监管本身越来越被认为是宏观调控的一个基础。

四、就业和通胀结构改变，传统政策框架面临挑战

（一）就业总体压力减小，但结构问题不容忽视

首先，劳动力总量逐步减小。根据中国人口与发展研究中心的人口模型预测结果，2030 年前我国人口总量仍将持续缓慢增长。到 2020 年约达到 14.12 亿人，比 2010 年增长约 7000 万人，平均每年增长 0.53%。到 2030 年我国人口比 2020 年再增加 3000 万人，达到 14.42 亿人的峰值，此后开始缓慢下降，到 2050 年约为 14.0 亿人。"十三五"期间，我国劳动年龄人口将持续下续，平均每年减少 0.2%，约 200 万人。按照人口模型预计，"十三五"期间，我国 15~59 岁的劳动年龄人口将从 2015 年的 9.33 亿人下降到 2020 年的 9.23 亿人，平均每年减少约 200 万人，占劳动年龄人口的 0.2%（图 3－1）。而按照联合国经济与社会事务部人口司 2013 年的预测，"十三五"期间，中国 15~59 岁劳动年龄人口将从 2015 年的 9.38 亿下降到 2020 年的 9.29 亿人，平均每年减少 175 万人，占劳动年龄人口的 0.18%。

我国每年劳动年龄人口减少的数量呈逐年加大的趋势。2015 年劳动年龄人口比上年减少约 70 万人，这一减少幅度将持续扩大，2020 年约比上年减少 293 万人，而 2025 年约比上年减少 707 万人（图 3－2）。劳动年龄人口的加速减少，既会减少整体的就业压力，也会带来部分行业劳动力供应不足的挑战。

其次，劳动参与率将呈继续下降趋势，劳动力减少幅度大于劳动年龄人口。从 21 世纪以来我国劳动参与率的变化趋势看，"十三五"

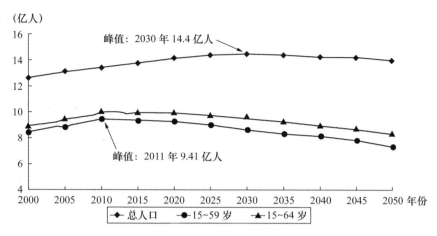

图 3－1　对中国人口与劳动年龄人口的预测

资料来源：中国人口与发展研究中心预测结果和许召元（2014）。

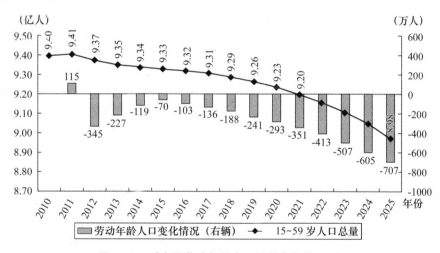

图 3－2　对中国劳动年龄人口及其变化的预测

资料来源：中国人口与发展研究中心预测结果。

期间总体劳动参与率仍将进一步下降。一是由于受教育水平仍将进一步提高，这将直接导致 16～26 岁之间青年人的劳动参与率下降；二是随着城镇化水平提高，由于城镇人口的劳动参与率低，也将使总体劳动参与率有下降趋势。2000 年以来，我国城乡人口的劳动参与率显著下降，但下降速度有减缓趋势。16 岁以上人口中，城镇男性的劳动参与率从 2000 年的 77.1% 下降到 2005 年的 73.6% 和 2010 年的 73.1%，城镇女性的劳动参与率从 2000 年的 60.1% 下降到 2005 年的 56.2% 和 2010 年的 55.5%（见表 3 - 2）。类似的，16 岁以上人口中，乡村男性的劳动参与率从 2000 年的 89.0% 下降到 2005 年的 83.0% 和 2010 年的 83.4%，乡村女性的劳动参与率从 2000 年的 79.0% 下降到 2005 年的 72.5% 和 2010 年的 72.2%（见表 3 - 3）。

表 3 - 2　　　　　　　我国城镇地区分年龄劳动参与率变化

年龄	男			女		
	2000 年	2005 年	2010 年	2000 年	2005 年	2010 年
16 ~ 19 岁	37.4	32.8	25.7	41.5	36.5	24.0
20 ~ 24 岁	81.5	78.9	67.7	78.3	71.5	61.5
25 ~ 29 岁	96.6	94.9	94.7	80.2	77.4	79.2
30 ~ 34 岁	96.7	95.4	96.4	80.3	77.9	79.2
35 ~ 39 岁	96.4	94.8	96.1	81.1	78.5	79.3
40 ~ 44 岁	95.5	93.1	95.2	78.0	76.6	78.8
45 ~ 49 岁	93.2	89.6	93.0	63.3	63.4	71.0
50 ~ 54 岁	81.9	80.1	83.7	39.2	42.5	41.0
55 ~ 59 岁	61.3	61.0	65.8	23.0	27.4	27.2
60 ~ 64 岁	29.8	34.6	31.8	13.2	16.9	16.9
65 岁及以上	13.6	13.2	11.9	5.6	5.2	5.5
16 ~ 59 岁平均	85.3	82.8	81.8	68.0	64.7	63.6

资料来源：《中国 2000 年人口普查资料》《2005 年全国 1% 人口抽样调查资料》《中国 2010 年人口普查资料》。

表 3 - 3　　　　　　　我国乡村地区分年龄劳动参与率变化

年龄	男			女		
	2000 年	2005 年	2010 年	2000 年	2005 年	2010 年
16 ~ 19 岁	69.3	44.4	44.9	72.1	45.2	41.4
20 ~ 24 岁	96.6	90.2	86.6	90.9	80.7	78.6
25 ~ 29 岁	98.8	97.3	97.2	91.3	86.1	85.9
30 ~ 34 岁	98.9	97.8	97.9	92.8	89.9	88.6

续表

年龄	男			女		
	2000 年	2005 年	2010 年	2000 年	2005 年	2010 年
35～39 岁	98.9	98.0	97.9	93.2	92.0	90.5
40～44 岁	98.8	97.8	97.8	92.0	91.7	90.8
45～49 岁	98.2	97.3	97.3	89.8	88.0	88.7
50～54 岁	95.6	95.4	95.5	82.5	82.3	82.7
55～59 岁	89.7	89.9	91.9	71.8	72.0	76.0
60～64 岁	76.3	76.2	77.8	54.1	54.8	59.2
65 岁及以上	44.0	37.7	39.2	23.1	18.3	22.3
16～59 平均	94.8	90.2	90.8	87.9	82.3	81.8

资料来源：《中国 2000 年人口普查资料》《2005 年全国 1% 人口抽样调查资料》《中国 2010 年人口普查资料》。

由于劳动参与率下降，"十三五"期间我国劳动力下降幅度大于劳动年龄人口的降幅。根据我国分年龄劳动参与率变化规律，结合"十三五"期间平均受教育水平和城镇化发展前景预测，"十三五"期间预计 16～24 岁人口的劳动参与率仍将有所降低，而 25 岁以上人口的劳动参与率将基本保持稳定。但由于城镇人口的劳动参与率低于乡村人口，整体的劳动参与率预计将下降 1.5 个百分点，使劳动力平均每年减少 350 万人，占就业人口总数的 0.35% 左右。

再次，就业结构性矛盾依然突出。一是经济结构调整会加快推进，部分传统过剩产业必然面临淘汰和转产，不少职工难免将失业或转岗。因其技能短期不适应新岗位、新业态需求，摩擦性失业也会有所增加。二是每年几百万人学生进入劳动力市场，而与产业升级、岗位需求不匹配问题依然突出，大学生就业压力还会持续一段时间。另外，由于二代农民工就业形态和报酬要求发生了明显变化，当劳动市场受经济形势影响发生波动，这些农民工并不会回到农村，原有的土地对就业波动的缓冲作用明显降低。根据国务院发展研究中心 2014 年做的一项调查，根据对 5 万份电话调查和 8 省市近 1 万份入户调查的统计分析，当前我国城镇居民调查失业率为 6.8%（较 2013 年上升了 0.7 个百分点，该数据略高于统计局调查失业率 5.1%），其中男性为 6.6%，女性为 7.0%。分地区看，东部地区失业率为 5.1%，东北地区为 11.9%，中部地区为 7.0%，西部地区为 7.4%，其中东北地区个别省份的失业率达到 15% 以上，问题比较突出，需要关注。

（二）通货紧缩压力加大，CPI 不能很好地指示经济中的风险

受国际大宗商品大幅下降、欧洲和日本通缩压力传导及国内需求不振的影响，2015 年我国通货紧缩预期有所增强，市场信心有所恶化。虽然 CPI 仍然正增长，但是 PPI 已经持续负增长 38 个月，2015 年一季度 GDP 平减指数为 -1.2%，GDP 名义增速仅为 5.8。中国目前价格下行的压力，很大程度上是由于过去高增长和强力的危机刺激政策，导致了严重的产能过剩引发的。这跟奥地利学派对 20 世纪 70 年代的"滞胀"的解释十分类似，该学派认为经济危机，实质是信贷不当扩张支持的很多错误的投资决策，资源进一步向资本品领域集中和错误配置，自然不断推高资本品的价格，而当这些错误不能维持的时候，市场纠错的机制就会发生作用（比如危机爆发），而此时资本品价格下降会明显大于消费品，甚至出现资本品价格持续大幅下降的同时，消费品价格却保持正的增长。在严重的产能过剩背景下，CPI 已经不能很好地反映经济中供需的边际变化。

通缩预期加强，最直接的影响是企业不愿意增加采购和扩大生产，原材料和产成品库存都会减少，居民消费也会尽可能后延。通货紧缩对经济最大的危害是会引发债务紧缩，因为通缩一旦发生，原有的债务负担会加重，实际利率会上升。在我国目前企业杠杆总体偏高、

风险比较突出的情况下，通缩预期会使企业债务压力进一步加大，使银行进一步收缩信贷，进而使投资进一步收缩，价格进一步下降。这就是著名的"通缩螺旋"。从实地调研看，目前企业间商业信用已经出现明显收缩，企业都很看重现金回笼，不愿给上下游提供商业信用。受需求持续不振和通缩预期加强影响，企业被动和主动调整库存行为出现叠加，进一步加大了需求侧收缩的强度。企业去库存成为拉低2015年一季度GDP增速的重要因素。通货紧缩和通货膨胀一样，预期一旦形成，往往有一种自我实现的机制。这也是发达国家十分重视预期管理的原因。在实体经济并未出现明显恶化的情况下，合理引导预期，防止通缩和需求收缩的预期进一步影响市场主体行为，将是当前中国经济政策的重点之一。

（三）菲利普斯曲线框架面临挑战

在传统的菲利普斯曲线框架中，失业率与通货膨胀往往是一种此消彼长的权衡关系，而且也是判断经济体是否存在产出缺口并实施相应宏观政策的基础。当失业率持续走低、通货膨胀持续走高，往往是判断经济偏热，经济运行已经处于潜在产出之上的重要依据，反之亦然。但处于转型期的中国，目前看就业压力总体不大，调查失业率总体稳定，劳动力市场数据显示求人倍率持续上升，总体出现供不应求的状况。如果依据传统框架，中国经济目前应该不是下行压力问题，而是存在正的产出缺口，也就是说GDP的潜在增速应该在7%以下了。但从价格的数据看，PPI长期持续负增长，GDP平减指数也为负，则说明经济运行存在负的产出缺口，实际经济增速应该在潜在增速下方了。这种类似现象，在美国20世纪90年代后期也出现过，不少人将此解释为"新经济"对经济结构的长期影响，但在宏观调控上的政策含义仍存在很大争议。对中国而言，在转型期如何确定正确的宏观调控的"锚"，变成了一个严峻的挑战。对潜在经济增速的各种理论，目前都无法解释追赶后期经济短期快速下滑的机理，这本身即是中国最大的现实问题，也是尚无明确框架的理论问题。

执笔人：陈昌盛

第四章

新形势下宏观经济调控目标及其关系

2008 年国际金融危机之后，受多种因素综合影响，中国经济逐步呈现出与高增长阶段不同的运行规律和特点。该变化的典型表现就是经济实际增长情况与调控目标间传统关系被打破。例如，我国 GDP 增长的预期目标在过去 20 年间平均比实际增速大约低 2.2 个百分点，然而，2012 年以来预期目标与实际增速基本接近。这既反映我国经济潜在增速下降，也体现了预期目标的功能与历史上相比发生转变，由留有余量的调控低限转变为与潜在增速接近的中位数。再比如，近年的进出口预期目标均未能按预期实现，反映国际市场和国内竞争力的变化超出预期。经济运行的种种变化对新形势下确定合理的宏观调控目标提出了新的要求。

在宏观调控总量目标出现变化的同时，目标间相互协调的关系也正在发生变化。比如由于服务业增长迅速、在 GDP 中的占比持续提高，工业增加值增速与 GDP 增速的传统关系被打破；GDP 每增长一个百分点拉动的就业人数也发生变化。随着经济结构升级优化，总量目标间的协调关系会进一步变化。

高增长时期，虽然宏观经济总量指标表现较好，但某些经济结构却累积了风险，增长的可持续性受到影响。比如，投资率持续提高，投资的边际收益下降，增长乏力；劳动者报酬在总收入中的占比较低，影响到消费能力的提升。进入新常态，原有的外沿扩张型增长模式不可持续，必须通过提高经济运行质量促进增长，这就需要优化调整不合理的经济结构。这一过程将与宏观总量目标发生冲突。

从高增长转向中高速增长，不仅仅是速度的变化，而且是增长机制、增长动力的系统性变化。宏观总量目标间的协调、总量目标与结构目标间的协调问题，本质上反映的是新旧增长理念的冲突。需要根据经济发展新形势，调整总量目标确定的思路，更加关注经济增长的质量和效益，在结构优化和保持平稳增长间取得平衡。

一、宏观调控总量目标协调面临挑战

（一）高增长时期，宏观调控总量目标实现了良好匹配

作为后发追赶型国家，高增长时期生产要素供给充分、价格低廉，需求空间接近无限，技术引进空间大、成本低，这些有利条件推动经济在高增长水平上实现均衡，总量目标间形成良好的互动关系。

1. 经济持续高增长的同时，物价维持在较低水平

从 2000 ~ 2014 年，我国 GDP 平均增长 9.7%，CPI 平均增长 2.3%。虽然受到周期性因素影响，GDP 增速最高达到 14.2%，最低为 7.4%，相差超过 7 个百分点；CPI 最高 5.9%，最低 -0.8%，相差 6.7 个百分点，但数据极端年份的持续时间均没有超过一年（见图 4-1）。从总体上看，经济增长和物价上涨相对稳定。

中国是过去十几年中世界上唯一 GDP 高增长而将物价上涨控制在较低范围的大经济体。图 4-2 列出同时段（2000 ~ 2014 年）一些重

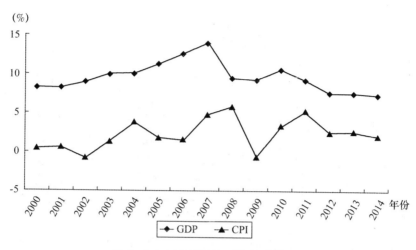

图 4-1 中国 GDP 和 CPI 波动情况

资料来源：wind 资讯。

要经济体 GDP 增长和 CPI 上涨情况。除中国之外，金砖国家 GDP 平均增长 5%，而同期 CPI 上涨了 8.2%。与中国一样，其他新兴市场经济国家和发展中国家的后发优势为其在低通胀水平实现高增长提供了支撑。然而这些国家 GDP 平均增长 6% 的同时，物价增长达到 6.6%，远超出了中国的水平。

从长周期的视角看，CPI 作为生活成本必然会影响到包括 PPI 或 GDP 平减指数在内的其他价格变动。能够在长达 15 年的时间内将 CPI 保持在 2.3% 的水平，同时保持了经济的持续高增长，表明我国通过有效匹配供给和需求，充分释放了不同时期增长的潜力。同时，货币供应增长在适应不断扩大的经济交易和控制物价普遍上涨方面取得了平衡。

2. 经济高增长的同时成功吸收富余劳动力

由于就业统计指标体系不完善，调查失业率并不能可靠地反映我国就业情况。然而，从高速增长的结果和微观企业反映的情况看，我国经历了一个快速吸收劳动力的过程，并且近年还面临总体上劳动力

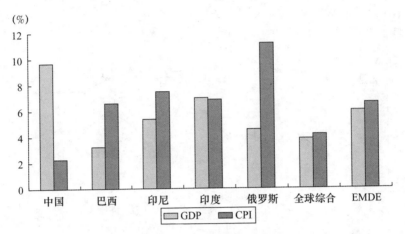

图 4 - 2　GDP 增速与 CPI 增速的对比（2000~2014 年平均）

注：EMDE 新兴及发展中经济体。

资料来源：wind 资讯。

紧缺的问题。2009~2014 年，农民工的月平均工资平均上涨 13.6%，同期农民工人数年平均增长 3.4%，收入增长速度是供给增长速度的 4 倍（见图 4-3）。与此同时，2009~2014 年我国全员劳动生产率平均只上涨了 8.2%（见图 4-4）。就业弹性较大的农民工群体工资增长远高于供给量增长和劳动生产率的增长，说明就业总体看是卖方市场。这与微观企业反映的劳动力紧缺的情况是相符的。

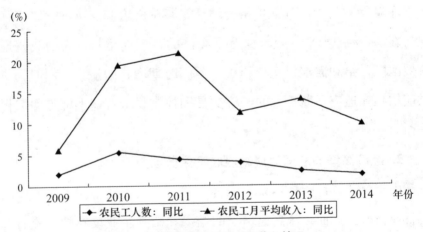

图 4 - 3　我国农民工就业和收入情况

资料来源：wind 资讯。

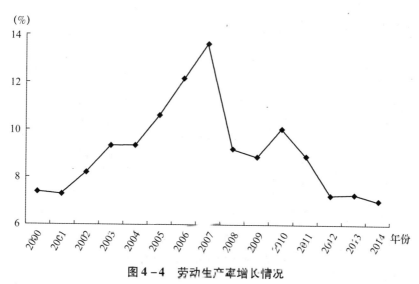

图 4-4　劳动生产率增长情况

资料来源：wind 资讯。

这种情况与拉美高增长时期形成鲜明的对比，由于产业结构单一，拉丁美洲在高增长时期过多依靠资源出口，产业对劳动力的吸收不够，最终使得社会收入分化，影响到持续增长的能力。

3. 国际收支盈余持续扩张，为经济转型升级准备了条件

2000 年以来，进口和出口均快速增长，并持续保持了贸易顺差，2014 年净出口达到 3825 亿美元，外汇储蓄 27 万亿元人民币，约为 3.84 亿美元（见图 4-5）。虽然外汇储备过多带来机会成本增加和汇率风险，但是由于我国汇率制度改革仍未到位，外商直接投资企业在出口中占比较高，相对充裕的外汇储蓄对于经济稳定性可以起到重要的支撑作用。

另一方面，充实的外汇储备为我国人民币国际化、为中国企业"走出去"创造了基础性的条件。正是以大量的外汇储备为后盾，我们才能在亚投行建设、金砖国家银行、丝路基金等国际金融经济合作中占据主动地位。

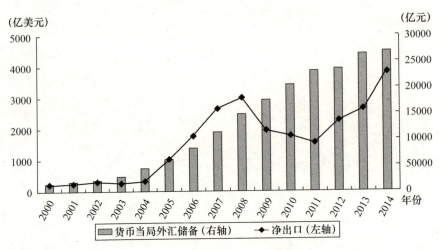

图 4 - 5　净出口和我国外汇储备情况

资料来源：wind 资讯。

（二）新形势下，传统宏观调控总量关系面临挑战

1. 供需条件改变，保持宏观平衡所能支撑的 GDP 增速下降

经过持续多年的外沿式高增长，我国用于发展经济的资源快速减少。从供给条件和需求空间看，支撑经济高速增长的因素正在发生变化，潜在增长率已出现下降。2012 年，我国劳动年龄人口比上年净减少 345 万人，出现改革开放以来的首次下降，低劳动力成本优势正在逐步减弱。我国主要矿产资源对外依存度逐年提高。土地供给紧张，数量约束增强，价格持续上涨。环境、生态压力加大，重大环境污染事件时有发生，企业环境治理成本增加的同时，不少地区还缺少进一步发展的环境容量。温室气体减排等措施也增加了经济整体运行成本。随着技术水平的提高，我国通过引进、消化、吸收现成的先进技术，快速提升全要素生产率（TFP）的空间在变小。出口空间受到发达国家与发展中国家的双重挤压，对经济增长的拉动作用明显降低。

这些增长环境的改变，打破了原有的增长平衡。在不提高杠杆率、保持商品和资产价格稳定可控及不影响汇率制度改革和人民币国际化进展的基础上，经济增长目标需要适当下调，以反映经济潜在增长率的要求。

2. 保持价格稳定的压力在增加，资产价格膨胀的风险加大

近两年，在过剩产能和国际原材料价格下降等因素的综合影响下，我国 PPI 持续负增长，CPI 增速落在 2% 左右，经济面临一定的通缩压力。然而，与高增长时期相比，价格大幅波动的可能性在增加。

从供求关系看，虽然需求有所收缩，但除了工业原材料之外的生产要素成本价格上涨较快。我国劳动力成本每年涨幅超过 10%，基础农产品价格超出国际市场 30% ~ 50%。即便是经济处于紧缩状态，生产要素成本上涨的趋势也没有明显缓解，未来将对价格上涨带来压力。

从货币供应看，我国 M2 与 GDP 之比 2015 年年底高达 206%，超量供应的基础货币成为价格上涨的重要推动力。一旦经济景气周期转好，货币流通速度加快，物价很可能以较快的速度上行。

近年来，通过银行按揭的方式，房地产需求集中释放，导致房地产价格高企。在剔除可售型保障性住房后，2013 年中国 35 个大中城市房价收入比均值为 10.2，远高于普遍认为的 6 ~ 7 的安全水平。虽然，由于收入统计问题，该指标有扭曲我国房价的可能性，然而房屋的空置率、存货等数据反映房地产市场已经存在资产膨胀的情况。

在关注物价涨幅的同时，宏观调控中应该对于资产价格上涨带来的风险有所警惕，防止经济泡沫化可能带来的不良影响。

3. 经济增长的就业带动力增强，但结构性失业成为主要矛盾

随着我国经济总量持续扩大，服务业占比逐步提高，GDP 每提高 1 个百分点提供的就业岗位由 2010 年的 110 万个提高至 2014 年的 170 万个，求人倍率从 2010 年的 1.01 上升到 2014 年 1.12。农民工的工资也以每年超过 10% 的速度上升，说明劳动力市场总体上正转向供不应求的局面。然而，在就业总量压力降低的同时，结构性失业问题比较突出。产业升级、技术水平提高对高素质劳动力的需求增加，但以农民工占比较高的劳动力供给情况难以在短期内改变。过剩产能调整过程中，矿业、制造业原有工人难以适应新的就业岗位，存在隐性失业的问题。大学盲目扩招的同时，教育质量提升不够，专业设置与实际需求不相符的情况比较严重，大学生就业问题较为突出。

4. 国际竞争力削弱，GDP 增速下降的同时，国际收支平衡的压力加大

2012 年以来，我国出口增速回落至 10% 以下，与改革开放以来平均超过 20% 的增速形成明显的对比。虽然我国出口商品在全球市场中的份额仍持续上升，但与我国 GDP 全球占比的情况相比，相对增速是在下降的（见图 4 − 6）。2011 年之前的十年，我国出口占全球市场份额一直超过 GDP 的全球占比，2012 年 GDP 占比份额首次超过出口，说明相对于 GDP 占比提高，我国出口竞争力的增长已放缓。

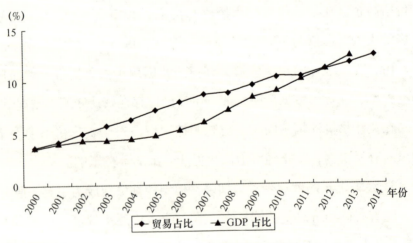

图 4 − 6　中国 GDP 与出口的全球占比

资料来源：wind 资讯。

由于国内生产成本上升，我国对外商直接投资的吸引力有所下降。我国在全球 FDI 中的份额由 2012 年的 9.1% 下降到 2013 年的 8.5%。一些外商直接投资项目开始向成本更低的东南亚、印度、墨西哥等地转移。2012 年我国吸收 FDI 是印度的 5 倍，而到 2013 年此值下降到 4.4 倍。

我国 2015 年外汇储备比 2014 年下降五千多亿。由于我国 FDI 存量达到 9567 亿美元，随着经济增速下降，国内投资和盈利机会减少，外商直接投资企业的利润汇出以及资金的撤离对国际收支平衡的冲击将会很大。

（三）关注宏观调控目标和内涵的变化

新形势下，虽然宏观调控四大基本要求没有发生变化，但是同样的调控目标其内涵与关注的重点已经发生变化。

目标预期性加强，应扩大最终实际值离散程度的接受度。高增长时期，增长机制相对稳定，从总需求的变化、各行业的增长、政府的支出等因素能够相对准确地预计未来宏观经济的运行情况。然而，进入新常态，增长机制、增长动力正在发生变化，增长目标受预期、需求、国际冲击等不确定性因素影响的敏感度增强。增长目标的具体数值对经济运行的引导和意义与过去已经有所不同。总体来看，在增长阶段转换期，无论是 GDP、物价还是进出口，作为一个预期性指标，其所包含的概率分布范围应该更广。社会对于其最终实现值的离散程度接受度也应提高。

地区间增长机制差异变大，全国目标对地方的指导性降低。高增长时期，全国的增长动力基本一致，增长绩效趋同。全国宏观指标对各地的指导意义较强。增长阶段转换期，经济结构调整、动力转换在各地推进的难度和进程不同，各省经济运行情况差异较大。此种现象

2014 年中已经有所显现，到 2015 年表现得更加突出。在这样的背景下，全国性的目标具体到各个地方，其指导意义会出现较大的变化。

目标的内涵和着力的重点方向发生变化。由于潜在增速下降，近年保增长的压力要高于以往。同样的经济增速目标，过去可能倾向设定偏低，以防止地方层层加码，目前可能稳定预期的成分就会较多。实现经济增长目标，过去可能重点需要关注需求侧的变化，当前可能需要更多地关注供给侧的情况。过去物价稳定的压力主要在商品和服务价格，而目前资产价格的影响在加强。在总量相对稳定的同时，结构性失业的问题成为就业指标的重点。

二、宏观总量目标和结构性目标的矛盾凸显

宏观总量目标间协调关系出现改变的同时，总量目标与结构目标的矛盾凸显，成为未来宏观调控需要应对的重要挑战。

（一）外沿式增长导致经济结构性矛盾持续累积

1. 高投资率、低消费率的经济结构不可持续

1978～1999 年，我国的消费率平均为 62%。2000 年以来，消费率从 62.3% 快速下降到 2010 年的低点 48.2%。最近几年，消费率有所回升，2013 年为 49.8%，但仍处于低位。发达国家 80% 左右的消费率，对应于 2%～3% 的增长率。也就是说，其中新增财富的 20% 用于积累，从而推动消费低速增长。近两年，我国消费率 50% 左右，新增财富中一半将用于积累。这些积累需要主要被国内消费吸引。这带来两个问题，一是如果资本深化过程不再起主要作用，仅依靠消费是否能够吸收如此高的生产扩张速度。二是 50% 左右的投资率，将使资本

收益占比进一步提高，不利于劳动者报酬占比提高，从收入分配角度会制约消费能力的提升。无论是从国际经验还是理论分析上看，这样的结构都是不可持续的。

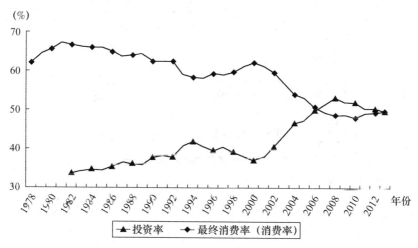

图 4-7　我国消费率与投资率的变动情况

资料来源：wind 投资。

2. 劳动者报酬在收入分配中的占比处于低位

2000 年之前，我国劳动者报酬占 GDP 的比重保持在 53% 左右的水平，之后劳动者报酬下降较快，到 2007 年仅为 40%，金融危机后，劳动者报酬占比略有提高，2012 年达到 46%（见图 4-8）。劳动者报酬占比偏低主要是由于长期高投资率导致资本在国民收入分配中的占比越来越高。劳动者报酬较低，使城乡居民收入增长速度受限，进而影响到消费的增长。

3. 收入分配差距较大，影响到社会稳定和消费增长

2014 年，我国基尼系数为 0.47，比 2008 年的 0.49 下降 0.02 个百分点。然而与国际平均水平相比，我国收入分配水平仍然不容乐观（见图 4-9）。2013 年，我国基尼系数为 0.473，比欧盟平均水平高大约 1.7，比美国还要高 0.25（见图 4-10）。即便如此，一些学者还认

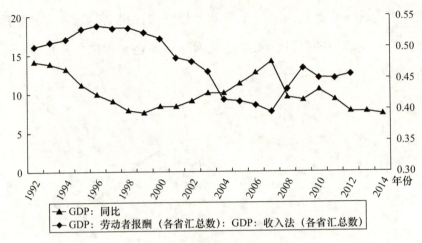

图 4-8 我国劳动者酬占比情况

资料来源：wind 资讯。

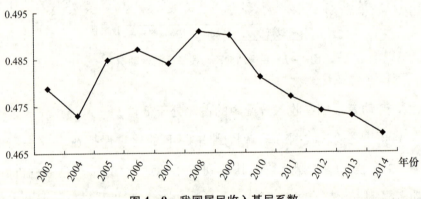

图 4-9 我国居民收入基尼系数

资料来源：wind 资讯。

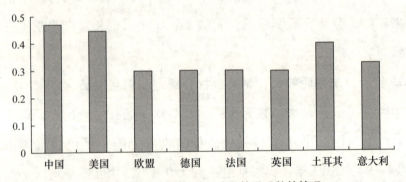

图 4-10 不同国家和地区基尼系数的情况

资料来源：wind 资讯。

为中国统计局公布的数据低估了收入差距的程度，实际情况比这还要严重。收入差距拉大使得财富向少数人集中，带来社会问题的同时，也不利于居民消费的增长和推动 GDP 增长。

（二）优化经济结构与宏观总量目标间的矛盾加剧

1. 提高消费率的同时，将经济保持在中高速增长水平难度较大

进入新常态，消费对经济增长的拉动作用日益增强，但伴随积累率下降，如果不能在有限生产资源上实现更大的产出和收入增长，消费增长就不可持续。图 4 - 11 显示了我国 1990 年以来，最终消费支出对 GDP 增长的贡献和 GDP 同比的 5 年平均值情况，显示出两者间存在明显的交替关系，即消费贡献增加的时候，GDP 增速就处于低位。发达国家消费率一般在 70% 以上，其经济增长也维持在 3% 左右。提高消费在经济增长中的贡献，需要与经济内生增长动力的培育协调起来。用更少的投资带来更高的收入增长，需要消费率的提高与增量资本产出率的变化相协调。

2. 提高企业生产效率可能对就业总量和结构带来影响

通过提升经济运行效率，在提高消费率的同时，将经济增长保持在中高速水平。这样的目标重点是通过"机器换人"提升制造业的生产效率。据有关国际机构统计，2013 年我国已超越日本和美国，成为工业机器人的最大采购国。这也是应对劳动力成本不断上升的必然选择。

然而，机器替代劳动力会造成大量工人失业，生产效率提升和保障就业间的矛盾将更加突出。虽然从总体上看，劳动力供给赶不上需求的增长，但是由于制造业与服务业对劳动力的需求存在差异，制造业升级导致的劳动力失业再就业比较困难。同时，由于农民工年龄结

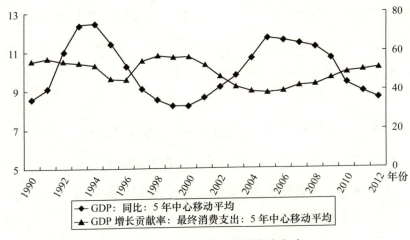

图 4 - 11 我国经济波动与消费率变动

资料来源：wind 资讯。

构中 40 岁以上的比例持续提高，这一部分人掌握技能能力较差，难以适应自动化生产的需要。

3. 增加劳动者报酬可能降低投资率，进而降低经济增速

按新剑桥学派的观点，利润在国民收入中所占的比例取决于投资率（$\frac{1}{Y}$）和资本家的消费倾向。在资本家消费倾向不变化的前提下，较高的经济增长率来自于较高的投资率，而高投资率需要较高的利润收入。也就是说，主要依靠投资拉动的经济，其劳动者报酬会自然降低。从图 4 - 12 可以看到，我国经济运行中也有这样的情况。

为了更多地依靠消费拉动经济，需要增加初次分配中劳动者的报酬。这就意味着利润收入降低，进而投资的增速会下降，引起 GDP 增速下行。1990 年以来的数据显示，我国 GDP 增速和劳动者报酬占比存在一定的负相关性。如何在经济潜在增速下行的背景下，提高劳动者报酬而又不伤害到 GDP 的增长，是我国提高居民收入需要面对的重要挑战。

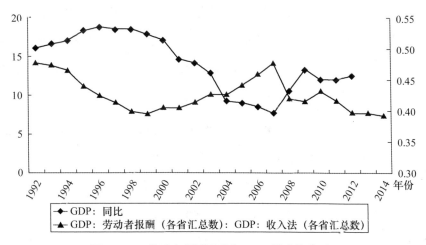

图 4 – 12　劳动者报酬占比与 GDP 增速的关系

资料来源：wind 资讯。

4. 国际化水平提高，可能影响国内经济增长和价格稳定

2008 年国际金融危机对中国经济的冲击主要通过外部需求收缩途径。然而，随着国际化水平提高，国际经济波动对我国经济的影响途径更加多元化，程度也更强。"走出去""国际产能合作"等措施以及利率、汇率市场化水平提高，加大了国内经济与国际经济联系的程度。去年下半年以来，国际原材料价格下降对国内经济短期波动就造成明显影响。与此同时，中国经济对全球经济运行的影响程度也在提高。中国货币、财政政策对于全球经济金融市场运行影响越来越大。在保持国内经济稳定的同时，提高国际化水平，需要正确认识中国与全球经济运行相互影响的机制、程度，同时对我国提升宏观调控能力也带来影响。

（三）结构调整与宏观目标间矛盾凸显的主要原因

新增长模式与传统增长模式间存在差异。现有的结构情况是旧增长模式遗留下来的，而培育新的增长模式，必然需要调整原有的经济结构。这也是经济寻找新平衡的应有之义。旧模式主要依靠投资，自然会降低消费率和劳动者报酬的占比。旧模式比较看重总量的扩张，自然对于效率的提升和技术进步关注不够。旧模式只关注国际市场份额的扩张，对于整合国际资源的能力培育较少。

经济增长潜力下降，经济关系相对较为紧张。由于生产要素供应紧张，传统需求市场趋于饱和，经济潜在增速下降，各种经济关系间关系较为紧张。比如，如果需求空间仍然较大，由于产业升级形成的结构性失业的人员就可以有更多机会找到适合自己的新工作。

市场化程度提高，政府调控的手段有限。随着市场化程度逐步提高、经济发展阶段的不同，政府在经济运行中的支配地位在下降。在保增长方面，政府可以通过直接投资等手段，实施较强的干预。然而，调整经济结构，政府更多只能依靠税收、补贴等间接性手段推进。

对外经济合作的强度和内容发生变化。高增长时期，我国主要的对外经济合作为商品贸易和吸引外资。当前，我国正逐步从商品市场的全球竞争转向包括商品生产在内的全产业链的国际竞争。一方面，可以获取更广泛的国际生产资源，另一方面也需要面对更加激烈的国际竞争。

三、适应新目标体系的宏观调控政策体系

（一）通过改革创新培育内生动力，为经济运行创造新的平衡

宏观总量目标之间，总量目标与结构性目标之间的矛盾，本质上反映的是新旧动力之间的矛盾。化解这样的矛盾，就是在寻找经济运行的新平衡，也就是经济最终达到新常态的目标。实现这样的目标，需要依靠改革激发市场经济的活力，需要创新培育经济增长的新动

力。主要有以下几个方面。

第一，通过改革激发市场活力，提高市场运行效率。与发达国家相比，我国市场经济不完善，市场机制的力量还有新的空间。关键是要通过改革为这一潜力的释放创造更加有利条件。一是要深化垄断行业和国有经济部门的改革，打破一些领域实际存在的行政垄断和国有垄断，在更多领域放开竞争，为民间资本开辟更加广阔的投资空间。二是要进一步推进简政放权，减少不必要的行政审批，为投资创业提供更大的便利性。三是要认真清理针对企业的收费、检查等活动及事项，提高透明度和规范性，减少政府自由裁量权，为企业发展创造更加有利和宽松的环境。

第二，营造良好的创新环境，更多地依靠技术进步促进经济增长。总体上，应进一步研究和改进政府资金支持科技研发的途径和方式，切实提高资金使用效率。加大知识产权保护力度，形成切实尊重知识、尊重人才的社会氛围和法制环境。要从国家技术标准制定、产业扶持政策等方面，为各类企业、各种技术路线的产业化等创造公平的竞争环境。近期重点可以放在以下两方面。

一是促进先进技术与传统领域结合，释放增长新动力。随着发展水平提高，我国消化、吸收先进技术的能力不断提高。利用新技术变革与传统产业结合形成新商业模式以促进经济增长的机会在增加。互联网对传统零售行业带来巨大冲击，也为中小企业发展开辟了新的空间。与此同时，互联网与金融、制造业领域的结合才刚刚开始，蕴藏着大量机会。大数据革命对传统生产、流通领域效率提升方兴未艾。

二是发展前沿技术突破打开新产业发展机遇。全球技术进步速度明显加快，相比于传统领域，我国在新技术应用方面没有沉没成本，后发优势明显。基因技术、卫星遥感、非常规油气资源、新材料技术等前沿领域的突破蕴藏千亿甚至万亿级的产业机会，并通过其上下游发挥巨大影响。在革命性技术领域，资金、人力资本的重要性相对上升，专利和标准陷阱、产业经验等制约较弱，后发国家集中优势资源有可能在若干领域占据领先地位。

（二）适应新变化，调整宏观调控的政策取向

面对宏观调控目标间的变化和矛盾，需要调整宏观调控的政策取向，从目标设定、操作重点和思路等方面做出相应的调整。

供需条件变化和资源环境约束降低潜在增长率，宏观调控目标选择应更加关注经济运行质量。新阶段，确定宏观调控增长目标应该更多关注效益性指标。只要企业盈利增长平稳、就业总体压力不大、金融财政风险没有恶化、增长质量有效提升，预期目标定的低一点并不会耽误长远的发展。相反，如果速度定得过高，则可能对结构转换、风险控制均带来不利影响。克服高增长时期形成的思维惯性，需要注意两种错误倾向。一种是没有认识到增长阶段转换的全局性影响，通过透支增长潜力、扩大泡沫的方式将本区域经济增速推高，最终引起新的过剩产业和风险累积。另一种是虽然认识到潜在增速的变化，但对增速下降幅度有隐蔽抵触心理，试图通过政府过多干预延缓区域增速回调，结果在累积风险的同时影响到增长方式转变和产业结构升级。

经济发展目标间平衡难度加大，需要创新宏观调控方式，更多实施差别化、精准化调控。当前，既需要面对全面化解过剩产能的任务，又需要通过市场机制培育和发展新产业。财政货币政策过紧，可以相对加快过剩产能的淘汰速度，但又会影响新产业发展的需求动力和资金供给；政策过于宽松，落后产能、低端产业升级改造的动力又会不足。新阶段，潜在增速下降、生产要素价格上升、人民币面临升值压

力，提高经济增速和平抑物价的矛盾将会更多显现。消费对经济增长的拉动作用日益增强，但伴随积累率下降，如果不能在有限生产资源上实现更大的产出和收入增长，消费增长就不可持续。机器替代劳动力会造成大量工人失业，生产效率提升和保障就业间的矛盾将更加突出。资源环境约束加剧，经济发展的生态保护间的矛盾更加凸显。面对经济发展和运行目标间的矛盾，需要更多采用差别化、精准化的调控手段，发挥其非对称的或者是局部性的调控作用。同时，也需要统筹使用各种调控手段，发挥政策组合效应，不断提高宏观调控有效性。

供求关系发生趋势性变化，宏观调控需要更加关注供给侧的政策措施。高增长阶段，面对广阔的国际和国内市场，企业只要将未充分利用的资源和生产要素组织起来投入生产，就可以获取丰厚利润和持续发展。国内外需求扩张速度放缓后，经济增长的制约因素越来越转向供给侧，全要素增长率在促进增长中的作用日益提高。与发达国家相比，我国生产率提升的空间仍较大。提高生产要素的配置效率、提升高新技术研发、应用能力，将进一步释放我国的后发优势。在做好需求管理的基础上，宏观调控应更多关注供给侧效率和能力提升，在人力资本提升、知识产权保护、科技和创新等方面加大投入和支持力度，切实将增长的驱动力更多转换到创新上。

市场竞争加剧，优胜劣汰增多，宏观调控应树立风险意识和底线意识。新技术、新产业蕴藏投资新机遇，但技术路线和商业模式选择也暗藏着风险。国际市场增速放缓，部分外向型企业将更多产品投向国内市场，加大了市场竞争程度。传统产业高速扩张期过后，通过整合产业链，提高生产集中度和经营效率的趋势越来越明显。伴随优势企业成长，被淘汰企业的不良贷款、员工失业等问题增加了经济社会稳定运行的压力。实施宏观调控时，应积极化解各类风险，通过局部风险有序释放保持整体经济金融健康运行；应树立底线意识，防止就业状况恶化和风险集中爆发带来严重的经济和社会问题。

　　经济运行国际化水平大幅提高，宏观调控需要有全球视野和更强的国际经济政策协调能力。随着我国进一步开放以及人民币国际化、汇率市场化进程推进，国内外商品和资金流动将更加频繁。国内经济与世界经济互相影响的程度将加大，国际宏观调控政策的协调越来越重要。作为占全球经济份额不断提高的第二大经济体，宏观调控中应有全球视野，加强与主要经济体的政策协调，实现经济增长的双赢和多赢。

　　　　　　　　　　　　　　　　　　　执笔人：吴振宇

第五章

宏观调控政策协调机制与政策组合

一、宏观调控政策目标的选择

党的十八届三中全会明确提出，要健全以财政政策和货币政策为主要手段的宏观调控体系，推进宏观调控目标制定和政策手段运用机制化，加强财政政策、货币政策与产业、价格等政策手段协调配合，提高相机抉择水平，增强宏观调控前瞻性、针对性、协同性。

通常来讲，宏观调控目标有四个，分别为经济增长、充分就业、通货膨胀和国际收支。由于经济增长与充分就业高度相关，通货膨胀（物价稳定）又与国际收支平衡高度相关，在讨论宏观调控目标时，这里侧重于强调经济增长和物价稳定两个目标。

（一）宏观调控目标应该以区间方式存在，以增加弹性

当前，我国经济运行已进入新常态。经济增速下行是客观规律。但受经济长期高速增长的惯性影响，全社会有很强的冲动去关注经济下滑、去脱离实际地维持过高的经济增速。这是违背科学规律的，也是得不偿失的。设定目标区间，有助于淡化社会各界对经济增速的关

注，使政府干预更加科学理性。如图 5 - 1 所示，可以设定一个目标区间，横坐标表示经济增长速度，设一个底线、一个高线；纵坐标表示通货膨胀，设一个底线、一个高线，在此基础上就形成了一个政策合意区间。只要经济在上述区间里运行，政府就应该保持淡定，维持宏观政策基本稳定。只有当经济运行要滑出区间以外时，才需要政府出手，采取财政、货币政策进行干预。

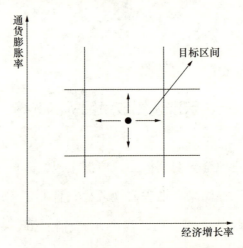

图 5 - 1　财政、货币政策目标区间

这样做的好处是显而易见的。首先，能够减少宏观调控的频率和力度，更多地让市场发挥调节作用，从而使得企业能够自主地对未来做出预期，自主调整生产决策；其次，能够避免短期应急措施常态化，避免使原本在大危机时不得已而使用的"心肺复苏机"变成用于"熨平"周期波动的"心脏起搏器"。

（二）设定目标区间需要考虑的主要因素

1. 发展趋势

当前，我国经济发展的一大趋势就是进入了所谓的"新常态"。由于发展阶段的变化和所谓"中国模式"的转型，也由于国际分工格局的变化，当前我国处在由"增长奇迹"向常态增长的过渡过程当中，由此呈现出了经济速度放缓、结构调整步伐加快、国际分工格局快速变化等一系列特征。制定宏观调控目标，首先要顺应发展大势，顺应潜在经济增长率下行的基本态势。

2. 经济周期

经济周期是决定宏观调控政策基本取向的主要因素。在经济周期的不同阶段，政策目标、政策取向乃至政策工具的选择都会有所不同，这也是宏观调控"相机决策""逆风调节"的基本要义。

一般情况下，经济状况经过衰退期→复苏期→过热期→滞胀期后，再次返回到衰退期，循环往复，便完成了不同经济周期的转换过程。相应的，宏观调控要在不同的经济周期采取适应经济状况的宏观调控政策。在低增长、低通胀的经济衰退期，宏观调控以保增长为主要目标，相应的，应调低经济增长率和通货膨胀率的目标区间，此时，虽然采取宽松的财政、货币政策来刺激经济增长，但由于经济运行处于下行和调整阶段，政府并不能期望过高的经济增长。

而在高涨阶段，宏观调控的主要目标是遏制经济过热和防止通货膨胀，相应的，通过设定适当合理的通货膨胀区间，实施收缩性的宏观调控政策来调节社会总需求，稳定社会预期。

3. 外部冲击

当前，我国经济开放程度已经很高，在制定宏观调控政策时，还必须充分考虑国际因素的影响。在当前，特别是世界经济动荡对外贸进出口变化的影响，资本外流对金融运行和外汇波动的影响，资本流动对股市、房市的影响等，都需要引起特别的关注。

在考虑外部冲击因素时，尤其是在遇到像"次贷危机"这样"百年一遇"的突发事件时，我国经济运行面临着滑出合理运行区间的严重风险，出台一些临时性的、非常规化的刺激措施是必需的，也是可以理解的。但需要注意的是，刺激手段只是为了暂时避免经济出现短期的、急剧下滑，切不可把短期应急措施变成常态化的制度安排。

4. 结构因素

30 多年的持续高速增长在取得瞩目成就的同时，也积累了一系列深刻的结构性问题，具体如产业结构不合理、过分依赖投资拉动、区域发展不平衡、生态环境受到严重破坏等。解决上述问题，需要有良好的外部环境，所以，制定宏观调控目标也必须把化解结构性矛盾这一因素考虑进来。

（三）现阶段政策区间的设定

设定经济增长目标区间，应以潜在经济增长率为衡量基准。潜在经济增长率的测算方法主要有消除趋势法、增长率推算法和生产函数法[①]。可以根据不同的测算方法取出一个增长率的大致区间，并配合 IMF、OECD 和世界银行等组织对经济增长率的预测，给出一个合理区间。例如，根据当前对中国经济潜在增长率的测算[②]，并配合 IMF 等对中国经济增长率的预测[③]以及中国目前处于转型时期经济波动程度较大的客观现实，可以初步定下当前中国经济增长率的合理区间为 6.5% ~7%。

通货膨胀率不能低于1%，否则经济处于通货紧缩。对于目标通

[①] 郭庆旺、贾俊雪："中国潜在产出与产出缺口的估算"，载于《经济研究》，2004 年第 5 期。

[②] 王琢卓、李玉双："中国潜在产出测算与宏观经济政策选择"，载于《求索》，2013 年第 9 期。

[③] IMF 最新一期的《世界经济展望报告》预测中国经济增长率为 7.5%，世界银行最新一期《全球经济展望报告》预测为 7.7%，OECD 为 8.2%。

货膨胀率的测算，既可以通过潜在物价指数法[①]，又可以从社会福利的角度建立宏观经济 DSGE 模型。根据当前的测算[②]，中国的通胀水平从短期看，3% 左右的通胀目标是最优的，而美联储和日本央行都将长期通胀率目标设为 2%，但在我国，严格通胀目标制又无法有效吸收国内外冲击[③]，所以可以选择适度的通货膨胀目标区间，初步可定为 1% ~4%。

二、不同情境下财政、货币政策的协调配合

（一）财政、货币政策协调配合的结合点

财政、货币政策是最主要的需求管理工具。财政政策和货币政策各自相对独立，又有着相互的关联性。协调好两者之间的关系，是开展宏观调控的内在要求，更是提高政策效率的客观需要。

连接财政和货币政策的通道是国债、外汇储备、财政投融资体系和政府存款，它们通过中央银行和政府部门的资产负债表来建立联系。其作用机制如下。

1. 公开市场操作中的国债

国债发行是财政为弥补其赤字进行融资的行为，中央银行在二级市场上购买国债相当于是财政部从央行透支或贷款，相应会造成货币的增发，而购买的国债在央行资产负债表上对应的是对政府债权。政府使用其购买物资、支付工资等，使相等量的货币进入市场流通。另

① 卞志村："泰勒规则的实践问题及在中国的检验"，载于《金融研究》，2006 年第 8 期。
② 殷波："中国经济的最优通货膨胀"，载于《经济学（季刊）》，2011 年第 10 卷第 3 期。
③ 卞志村、孙俊："中国货币政策目标制的选择——基于开放经济体的实证"，载于《国际金融研究》，2011 年 8 期。

外，由于中央银行的公开市场业务以金融机构为交易对方，买卖的标的是国债，所以在货币当局的资产负债表中，这将表现为资产项下"对政府债权"的增加以及负债项下"储备货币（金融性公司存款）"的增加。

国债市场对中央银行货币政策操作的意义还体现在：国债利率期限结构能反映利率的长期变化；国债作为零风险金融资产，可以作为金融资产定价的基准。

2. 财政盈余

财政盈余看起来是财政问题，但财政盈余放在哪里却与货币政策息息相关。如果放在中央银行，就相当于收紧流动性，放在商业银行，就相当于投放流动性。因此，财政、货币当局之间应加强协调。财政"花钱"时应该事先告知货币当局，避免重复投放流动性；而货币当局制定货币政策时，也应充分考虑到财政盈余的影响，与财政当局定期进行沟通。

3. 外汇储备

在我国，中央银行为维持汇率稳定，不得不在市场上购买外汇，这实际上也是发行货币的过程，而其中给市场投入过多的流动性只能通过发行中央银行票据来收回，最终外汇储备和央行票据分别成为中央银行的资产和负债。

为稳定汇率而购买外汇在很多国家都是财政部的职责，但在我国，这个职责是由央行承担的。外汇储备反映在资产负债表上并不仅仅是资产方增加了，同样还会引起负债方相同比例的增加。如果财政部并没有发行相应负债而使用外汇储备资产，就会造成货币的二次发行。因此，中央汇金公司拿外汇储备注资国有商业银行的行为相当于货币的二次超发，商业银行再以该资本金为基础在市场上贷款，形成乘数放大，则是货币的再次超发。

4. 财政投融资体系

财政投融资体系是我国财政与货币政策的一个非常重要的结合点，包括中央政府投资、地方政府投资以及地方政府投融资平台的投融资行为。由于我国的特殊国情，财政投融资体系影响的投融资规模巨大，并配套以长期国债的运用创造了巨大的派生货币。

财政投融资体系还会对社会融资成本产生一定程度的影响，这是由于我国商业银行将大部分金融资源用于对政府投资的金融支持，而这部分的融资利率一般很低，从而使得社会融资成本增加，使央行利率政策的有效性大打折扣。

（二）经济周期不同阶段下财政、货币政策的组合搭配

综合运用财政和货币政策调控经济总量，是实现经济总量平衡的最优手段。根据 IS－LM 宏观平衡原理和相机抉择理论，通过综合协调并配合使用财政政策与货币政策，可以提高政府对宏观经济运行的调控水平。

政府和中央银行可以根据具体情况和不同目标，选择不同的政策组合。财政政策和货币政策的组合产生的政策效应如表 5－1 所示。

表 5－1　　　不同经济周期阶段下财政、货币政策的组合搭配

适用经济周期阶段	经济增长率与通货膨胀率	财政、货币政策组合	政策组合对产出的影响	政策组合对利率的影响
复苏阶段	高增长、低通胀	紧缩性财政政策和扩张性货币政策	不确定	下降
过热阶段	高增长、高通胀	紧缩性财政政策和紧缩性货币政策	减少	不确定

续表

适用经济周期阶段	经济增长率与通货膨胀率	财政、货币政策组合	政策组合对产出的影响	政策组合对利率的影响
滞胀阶段	低增长、高通胀	扩张性财政政策和紧缩性货币政策	不确定	上升
衰退阶段	低增长、低通胀	扩张性财政政策和扩张性货币政策	增加	不确定

第一，当经济处于"复苏"阶段时，经济运行平稳而又存在通货膨胀时，紧财政松货币是促进经济平稳快速增长的政策选择。此时，经济中出现通货膨胀又不太严重，可以采用紧缩性财政政策压缩总需求，又用扩张性货币政策以降低利率，以免政策过度紧缩而引起衰退。

第二，当经济处于"过热"阶段时，社会总需求大大超过社会总供给，经济面临较大的通货膨胀压力。这时需要采取紧缩的财政和货币政策，此时政府首先会采取紧缩性货币政策，减少货币供应量，从而降低总需求水平，但紧缩货币会导致利率大幅提高；同时紧缩财政，便能防止利率过分提高，不致造成经济的剧烈波动。

第三，当经济处于通货膨胀和经济萧条并存的"滞胀"局面时，产业结构和产品结构失衡，治理滞胀、刺激经济增长成为首要目标。如果此时经济萧条又不太严重，可以采用扩张性财政政策刺激总需求，实施减税和增加财政支出，利用财政杠杆调节产业结构和产品结构；同时用紧缩性货币政策使利率上升，最终达到不影响产出但又能抑制通货膨胀的目标。

第四，经济处于衰退期时，在社会有效需求严重不足、经济萧条、工厂停产工人失业的情况下，财政、货币政策的选择应力求使经济走出低谷，政府可以采用扩张性财政政策增加总需求，但伴随着总需求增加的同时，利率的提高会导致对私人消费和投资的"挤出效应"，此时应配合扩张性货币政策，可以有效克服扩张性财政政策的这一弊端，并能使得总需求进一步增加。在"低增长、低通胀"的"衰退期"，通过采取宽松政策使经济增长率上升，经济状况向"高增长、低通胀"的"复苏期"过渡。

（三）化解结构性矛盾与财政、货币政策组合

经济增长阶段转换，不只是增长速度的减缓，而且要求增长质量的提高和经济效益、社会效益、环境效益的全面提升。在增长阶段转换的过程中，宏观调控的目标有以下几点。

一要防止经济出现过热。我们长期习惯于高速增长的经济环境，短期内难以接受增速的趋势性下滑，容易出现不顾潜在增长率下降的事实，试图通过政策刺激使经济回到高增长的轨道，结果不但不能恢复高增长，反而容易推高通胀和资产价格，形成泡沫经济，引发更大的风险。

二要防止经济"硬着陆"。进入"新常态"以后，新的稳定预期尚未形成，经济运行的不确定性和脆弱性明显增加，经济出现"硬着陆"的风险明显增大。我们应当在努力稳定和扩大外需的同时，着力扩大内需，充分发挥消费对拉动经济增长的基础性作用和投资的关键性作用，保持经济适度增长，避免经济增速滑出底线。

三要努力实现增长阶段转换的平滑过渡。经济增长阶段转换不仅涉及经济问题，还涉及一系列其他问题。我们既要采取必要措施，防止经济陡降和剧烈波动，引发经济失衡和社会动荡，又要做好各方面的适应性调整，及时化解各种矛盾，努力实现经济增长阶段转换的平滑过渡，保持经济、政治和社会的基本稳定。

四要努力实现发展方式的实质性转变。新常态对经济增长的质量

和效益提出了更高的要求。只有这样，才能成功跨越"中等收入陷阱"。我们应不失时机地深化各方面的改革，特别是下决心推进重要领域和关键环节的改革，加快制度创新，充分释放制度红利，真正形成支撑科学发展的体制机制；同时大力推动技术创新，全面提升劳动者素质，努力实现由要素驱动向效率驱动、创新驱动的转换，推进发展方式的实质性转变，全面提升经济增长的质量和效益。

（四）应对外部冲击与财政、货币政策组合

次贷危机百年一遇。直到今天，世界经济仍未完全从中摆脱出来。不仅如此，随着石油、铁矿石等基础产品价格大幅下跌，上述产品出口国遭受沉重打击，汇率大幅贬值，加剧了国际金融市场动荡。自去年以来，世界经济不确定性明显增加，为中国经济增长增添了变数。

我国的汇率制度已经明确为"有管理的浮动汇率制度"，但从实际执行来看，却是管理有余而浮动不足。在经济下行、经济风险因素不断积累的背景下，僵硬的汇率制度导致人民币汇率高估，引发资本大量外流。这就要求中国人民银行主动、灵活地增加基础货币投放，以维持市场流动性。这对货币政策的操作带来新的挑战，冲击着货币政策的独立性。

不仅如此，在资本流动迅速和日趋自由化的条件下，货币政策通过利率变动影响投资，进而影响产出水平的传递机制，会被由于资本的趋利性引起的资本流动效应所削弱甚至抵消，从而使货币政策当局面临"不可能三角"的挑战。例如，当国内需要紧缩而提高利率时，短期资本流入反而扩大了货币供应量。当需要放松货币而降低利率时，短期资本流出而减少了货币供应量。货币政策的新特点，要求财政政策发挥更加积极的作用，以达到更好的整体宏观调控效果。

三、关于加强财政、货币政策协调配合的政策建议

我国宏观经济目前面临四大挑战。首先，从经济增长与通货膨胀两个指标来看，当前对今后到底是"通缩"风险大还是"滞胀"风险大存在着一定的分歧。其次，地区差距、城乡差距以及产业结构失衡、收入分配恶化、总需求结构失衡等结构性失衡问题日益制约着经济的持续健康发展。再次，以潜在增长率下降为标志的增长阶段转换已成为共识，我国已从高速增长转入中高速增长。最后，2008 年以来国际金融危机、欧债危机冲击的影响尚未完全消退，全球经济复苏过程缓慢，外需增长乏力。

为实现全面建成小康社会的发展目标，必须处理好改革、增长与稳定的关系，必须协调财政、货币政策，发挥好宏观调控的作用。

（一）财政、货币政策协调配合应遵循的原则

1. 政策效应的协调

财政、货币政策协调需注意政策效应的搭配，也就是需要考虑政策效应的方向、力度与时效性。经验表明，相对于货币政策，扩张性财政政策的刺激作用更直接，调节宏观经济具有直接性和针对性优点。与财政政策相比，货币政策的刺激作用更缓慢，但具有政策空间更大、决策时滞更短两大优势。

2. 需求管理与供给改善相协调

在经济周期的不同区间，应当采取不同的政策组合。在增速下滑、通胀上升的"滞胀"情形下，应当更偏重改善供给；在产能过剩、需求不足的衰退情形中，主要应采用扩大需求的政策。

3. 政策规则与相机抉择相协调

财政、货币政策在短期需求管理中可以采取"相机抉择",但从中长期来说要有规则。成熟市场经济国家的货币政策长期实施盯住通胀目标的"单一规则",将维护物价稳定作为自身最重要的职责。虽然现在很多国家的货币政策偏政府管制,但是在中长期也有规划。像美联储实施多轮 QE,但是达到一定规模以后,还是要退出 QE,在达到一定规模后要提高利率。财政政策最重要的规则是"跨期预算平衡规则",将长期与短期统一起来。

4. 总量调节和结构调节相协调

在全面深化经济体制改革的新阶段,每个政策都是既有总量也有结构,两者并不可决然割裂。虽然货币政策偏总量,但是结构也要管;财政政策偏结构,但是整体支出情况对经济也很重要。

5. 常规政策与非常规政策相协调

长期以来,西方发达经济体以通胀水平为货币政策调控变量,但是,在本轮危机中,美、日等国在超低利率起不到经济刺激作用的情形下,采用了"量化宽松"这样直接干预货币供应量的非常规政策。

(二)当前强化我国的财政、货币政策协调配合的政策建议

1. 政策目标区间化,宏观调控最小化

随着经济增长进入"新常态",进入了增长速度转换阶段,经济增长目标可以从高速转为中高速。中高速虽然与接近两位数的高速增长相比稍低,但也应视为经济发展规律的体现。

由于财政政策追求的是经济增长,而货币政策追求的是物价稳定,故而财政、货币政策协调配合的目标应当是"宏观调控目标区间",而不是盯住某一个数值点,否则容易导致宏观政策的调节频率

和力度超调。只要经济增长和通货膨胀等宏观经济指标处于目标区间内，一般即可视为经济运行正常，无须实施收紧或放松等财政、货币政策干预，交给市场自主调节即可。只有当宏观经济走势有可能脱离这一区间时，才要么动用财政政策（如果是经济增长出了问题）、要么动用货币政策（如果是物价稳定出了问题）。

实行宏观调控目标区间化的最大好处是有利于扩大政策回旋余地，可以尽量减少财政、货币政策干预的频率和力度，从而让市场在资源配置中更好地发挥决定性作用。

2. 根据周期、趋势、外部冲击三大因素搭配两大政策

在选择财政、货币政策组合时，通常应考虑三大因素，即经济周期、发展趋势以及外部冲击。

首先，经济周期有四个阶段，在各阶段理想的松紧组合不同。在经济复苏阶段（温和增长、低通胀），应该实行"紧财政、松货币"的政策组合，以实现经济稳健增长；在经济过热阶段（高增长、高通胀），应该实行"双紧政策"，以抑制经济过热和高通货膨胀；在"滞胀"阶段（低增长、高通胀），应该实行"紧货币、松财政"的政策组合，以便在抑制高通胀过程中防止经济过快下滑；在经济陷入衰退的阶段（低增长、低通胀），应该实行"双松政策"，以刺激经济早日复苏。

其次，在考虑发展趋势因素时，需要跳出周期因素的局限，注意到增长阶段转换带来的趋势性作用。比如，当潜在增长率下降，经济增长阶段从高速、超高速转变为中速或中高速时，宏观调控就不可仍然沿用惯性思维——为了力推经济增长而过多地进行财政注资或投放过多货币，否则不仅不会使实际增长率达到理想水平，还会使通货膨胀以比经济增长更快的速度上来，导致更严重的通货膨胀。

再次，在考虑外部冲击因素时，临时采取一些政策措施是可以理解的，也是必需的。但需要注意的是，这些刺激政策要及时退出，不能把应急措施变成了常态化的制度安排。

3. 财政、货币政策操作应向"规则型"转变

提高政策操作的规则性是强化政府问责、改善预期管理的客观需要。从我国的财政、货币政策操作的实际情况看，尽管有时宣布实行"宽松的"或"从紧的"财政、货币政策，但实际操作却往往与政策宣示南辕北辙。这不仅损害了政府的声誉，也不利于市场主体形成稳定的预期。

现在，我们的货币政策操作正处在由数量型政策工具向价格型政策工具转变的关键时期。应当在完善社会融资总额分析工具的基础上，加紧借鉴国际经验和国内实际情况，形成具有中国特色的数量型货币政策规则。

财政政策则应从增加政策透明度入手，积极发挥人大财政监督的作用，从完善预算管理和债务管理入手，完善行为规则，加强政府行为约束，以改善政府与市场互动，提高政府信誉度。

4. 做实货币政策委员会，设立财政政策委员会

由于财政政策目标与货币政策目标归属不同的部门负责，财政政策的优先目标与货币政策的优先目标存在不一致的地方。目前，我国的财政货币政策还存在互不配合甚至相互冲突的地方。因此，必须尽快改变这一现状，使二者向"协调型"转变。为此，需尽快完善决策机制。一方面要"做实"货币政策委员会，把货币政策委员会从目前的咨询议事机构变为真正的决策机构。另一方面，要建立类似于货币政策委员会的"财政政策委员会"，作为财政政策的决策机构；在组成人员上，不但有各经济职能部门的成员，还要吸收专家学者进入，并且两个机构的部分成员应实行交叉任职，以加强二者之间的信息共享和协调配合。

5. 协调三大政策接口，加强两者协调配合

前面提到，财政、货币政策之间存在三大接口——财政盈余、外汇储备和国债公开市场操作。应当密切关注上述三个领域内财政、货币政策之间的相互影响，以确保金融市场稳定运行，确保财政、货币政策取得最大的协同效应。

执笔人：魏加宁　张俊伟　唐　滔　赵伟欣

第六章

宏观调控的关键在于理顺政府和市场的关系

一、发挥市场在资源配置中的决定性作用

党的十八届三中全会通过的《中共中央关于全面深化改革若干重大问题的决定》中指出，经济体制改革是全面深化改革的重点，核心问题是处理好政府和市场的关系，使市场在资源配置中起决定性作用和更好发挥政府作用。"使市场在资源配置中起决定性作用"是市场经济的本质要求。所谓"决定性作用"，是指市场在所有社会生产领域的资源配置中处于主体地位，对于生产、流通、消费等各环节的商品价格拥有直接决定权。市场决定资源配置的机制，主要包括价格机制、供求机制、竞争机制以及激励和约束机制。其作用主要体现在，以利润为导向引导生产要素流向，以竞争为手段决定商品价格，以价格为杠杆调节供求关系，使社会总供给和总需求达到总体平衡，生产要素的价格、生产要素的投向、产品消费、利润实现、利益分配主要依靠市场交换来完成。实践证明，迄今为止，在市场经济条件下，尚未发现任何力量比市场的作用更广泛、更有效率、更可持续。因此，只要实行市场经济体制，就必须尊重市场在资源配置中的主体地位和

决定性作用，其他任何力量都不能代替市场的作用[①]。

（一）我国市场化进程的基本判断

1. 改革开放以来市场化程度提高显著

改革开放以来，我国市场化进程推进较快，这在理论界与实践界均获较高共识。以曾学文等人（2010）和董晓宇等人（2010）的研究成果为例，前者显示我国市场化指数从 1978 年的 15.08% 提高到 2008 年的 76.4%[②]，后者显示我国市场化指数从 1978 年的 21.88% 提高到 2007 年的 73.96%[③]（见图 6 - 1）。

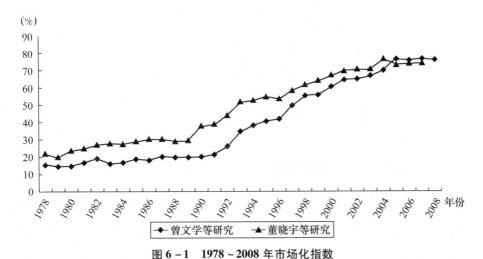

图 6 - 1　1978 ~ 2008 年市场化指数

　　资料来源：曾学文、施发启、赵少钦、董晓宇："中国市场化指数的测度与评价：1978 ~ 2008"，载于《中国延安干部学院学报》，2010 年第 4 期；董晓宇、郝灵艳："中国市场化进程的定量研究：改革开放 30 年市场化指数的测度"，载于《当代经济管理》，2010 年第 6 期。

---

　　① "如何理解使市场在资源配置中起决定性作用"，载于新华网，2013 年 11 月 28 日。

　　② 从"政府行为规范化""经济主体自由化""生产要素市场化""贸易环境公平化"和"金融参数合理化"五个方面进行评估测算。

　　③ 从"政府的合理规模和行为规范化""企业的多元所有制和主体自由化""市场的完备体系和交易公平化"三方面进行评估测算。

相较于苏联及东欧国家，我国的市场化进程更为平稳。以俄罗斯为例（见图6-2），1991年苏联解体前，非国有部门GDP占比仅为个位数，但解体后私人部门呈爆发式增长，不到7年时间，这一比例已快速提升至70%，而这一进程在我国用了30余年。

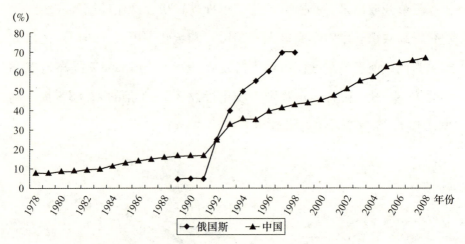

图6-2　中国与俄罗斯非国有部门发展进程对比

资料来源：欧洲复兴开发银行。

2. 市场化进程推进不平衡

从结构上看，全国31个省（市、自治区）市场化进程推进速度不一（见表6-1），东部地区市场化程度最高，其次是中部地区，西部地区市场化程度较低（见图6-3）。各细分领域的市场化进程也存在不对等现象，在金融、生产要素流动等领域推进较慢，而在外贸、非国有经济发展等领域推进较快（见表6-2）。

表6-1　　　　　　　　我国各省市场化进程对比

地　区	2009年市场化指数	较1997年增长（%）
浙　江	11.8	91.25
江　苏	11.54	119.81
上　海	10.96	119.20

续表

地　区	2009 年市场化指数	较 1997 年增长（％）
广　东	10.42	65.66
北　京	9.87	91.65
天　津	9.43	108.17
福　建	9.02	66.11
山　东	8.93	86.04
辽　宁	8.76	91.27
重　庆	8.14	90.19
河　南	8.04	66.80
安　徽	7.88	78.28
江　西	7.65	91.66
湖　北	7.65	80.42
四　川	7.56	78.30
湖　南	7.39	56.24
河　北	7.27	45.98
吉　林	7.09	101.99
海　南	6.4	39.13
内蒙古	6.27	145.88
广　西	6.17	46.21
山　西	6.11	82.93
黑龙江	6.11	123.81
云　南	6.06	124.44
宁　夏	5.94	251.48
陕　西	5.65	86.47
贵　州	5.56	92.39
新　疆	5.12	189.27
甘　肃	4.98	65.45
青　海	3.25	151.94
西　藏	0.38	—

资料来源：樊纲、王小鲁：《中国市场化指数：各地区市场化相对进程 2011 年报告》，经济科学出版社 2011 年版。

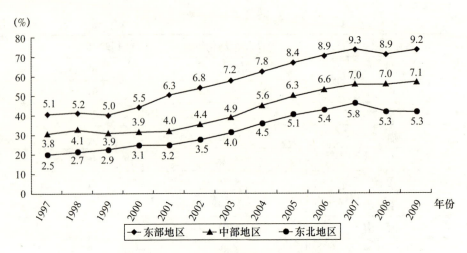

图 6 – 3　东、中、西部地区市场化进程对比

资料来源：樊纲、王小鲁：《中国市场化指数：各地区市场化相对进程 2011 年报告》，经济科学出版社 2011 年版。

表 6 – 2　　　　　　　　　不同市场化指标发展进程

子因素名称	1978 年	1988 年	1998 年	2008 年
政府财政负担	1.5	2.0	3.0	3.0
政府对经济的干预	2.0	2.0	2.3	2.0
非国有经济贡献	0.2	0.6	2.0	3.2
企业自由运营	0.0	0.0	2.0	3.7
劳动力流动与工资定价市场化	0.7	0.7	2.3	3.0
外商投资与土地流转公开	0.7	1.3	2.7	4.0
贸易产品定价自由度	0.0	0.0	2.7	3.7
对外贸易自由度	0.0	0.0	2.5	4.0
法律对公平贸易的保护	0.0	0.0	2.5	3.0
银行与货币	1.0	0.8	1.8	2.3
利率和汇率	0.0	0.0	1.0	2.3

资料来源：北京师范大学经济与资源管理研究院：《2010 中国市场经济发展报告》，北京师范大学出版社 2010 年版。

　　我国的市场化进程体现出价格市场化与非国有经济发展协同前进的特征（见图 6 – 4）。在我国的市场化进程中，价格市场化先于非国有经济发展推进，但之后两者有趋于同步的趋势。1995 年以前基本是价格改革快于企业改革，1996 年以后，企业改革则快于价格改革，非国有经济的比重快速提高。

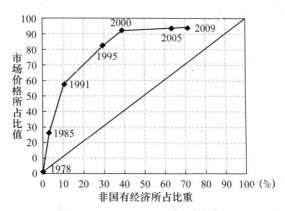

图 6 - 4　我国市场化路径

注："市场价格所占比重"是根据商品价格、农产品价格、生产资料价格综合而成的市场决定的价格所占比重；"非国有经济所占比重"指非国有经济在工业产值中所占比重。

资料来源：根据北京师范大学、樊纲等文献综合计算而成。

3. 市场化程度落后于经济发展整体水平

从横向对比看，目前我国的市场化程度仍滞后于经济发展总体水平。在世界经济论坛发布的《2014—2015 年全球竞争力报告》中，我国的国际竞争力排在第 28 位，相较而言，在制度、金融市场发展、商品市场效率和市场竞争分项的排名分别为第 47、第 54、第 56 和第 86 位，可见目前我国市场化进程仍落后于经济发展总体水平（见表6 - 3）。此外，根据国际货币基金组织（IMF）最新的金融自由化数据，我国金融自由化程度在有数据的 91 个国家中，排名仅为第 87 位，金融体系的市场化程度亟待提高。

4. 2008 年后我国市场化进程历经曲折

2008 年全球金融危机发生后，我国出台了大规模经济刺激政策，整体而言，政府对市场的直接干预有所加大，市场化进程出现起伏与

表 6-3　　　　世界经济论坛 2014~2015 年中国竞争力排名

指　　标	中国排名	指　　标	中国排名
总　　体	28	商品市场效率	56
制　　度	47	劳动力市场效率	37
基础设施	46	金融市场发展	54
宏观环境	10	市场规模	2
医疗与基础教育	46	商业体系	43
高等教育与训练	65	创　　新	32

资料来源:《2014—2015 年全球竞争力报告》,世界经济论坛发布,2015 年 9 月 2 日。

停滞。

（1）2009~2015 年市场化指数先降后升[①]

中国改革基金会国民经济研究所测算结果显示,2009 年后我国市场化水平[②]总体呈“V”字形,经历了一个下降和回升的过程,市场化水平从 2009 年的 5.00 骤降至 2010 年的 4.37,随后缓慢回升,于 2014 年回升至 2009 年水平（见图 6-5）。

政府与市场的关系有所退步[③]。政府与市场关系指标大幅下降的原因,一是为保持 GDP 高速增长,地方政府投资（包括直接投资和间接投资）大幅增加,二是政府对企业经营的干预以及企业税外负担逐年增加（企业家花费更多时间与精力与政府人员打交道）。

非国有经济发展速度稳步提高[④]。近年来,虽然国有企业在固定

---

① 王小鲁:《中国市场化指数 2015 年报告》,中国改革基金会国民经济研究所,尚未发表。

② 市场化总水平由政府与市场关系、非国有经济发展、产品市场发育、要素市场发育、市场中介组织、市场法制环境六个二级指标组成。

③ 政府与市场关系指标包括市场配置资源比重、农民税费负担、政府对企业干预、企业税外负担以及政府规模等分指标,其中市场配置资源比重用地方政府预算内和预算外财政支出占地方 GDP 比重来衡量。

④ 非国有经济发展指标主要分为非国有经济工业销售占比、非国有经济就业人数占比以及非国有经济社会固定资产投资总额占比三个分指标。

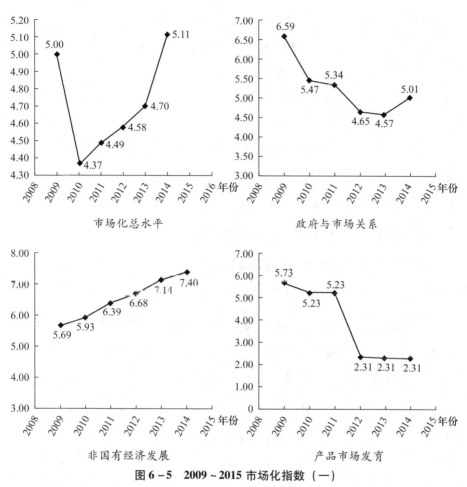

图 6 - 5　2009 ~ 2015 市场化指数（一）

资料来源：《中国市场化指数 2015 年报告》，中国改革基金会国民经济研究所，尚未发表。

资产投资方面的增速高于平均增速（见表 6 - 4），但在工业销售额和吸纳就业人数方面，非国有经济部门不断提高，因而总体非国有经济发展指标不断提高。但产品市场的发育①受到经济形势影响有所下降，企业合同完成情况有所恶化。

————————

　　①　产品市场发育程度指标由价格市场决定程度和商品市场地方保护两个分指标组成。其中由于价格市场决定程度的相关数据在 2008 年后不再公布，从 2009 年开始采用企业调研中的企业合同完成情况来替代。

表 6 – 4　　　　　　　　　2015 年 1 ~ 10 月固定资产投资额

	固定资产投资完成额（亿元）	比上年同期增长（%）
国有控股	142640.7	11.4
总 计	447424.9	10.2

资料来源：国家统计局。

此外，要素市场发育①和市场中介组织发育②在近年均持续提高，而维护市场法治环境③则经历了一个先下降后上升的过程，其中 2010 年、2011 年该指标下降明显（见图 6 – 6）。

2. 企业家认为近年市场化改革进展缓慢

根据中国企业家调查系统组织的 "2015·中国企业经营者问卷跟踪调查"④ 结果显示（见表 6 – 5、表 6 – 6），对近年来政府推动的市场化改革，有相当一部分企业家认为进展不及预期，并迫切希望政府进一步落实相关改革措施。此外，对于企业所在地知识产权保护法规的执行情况，认为 "十分严格" 的占 1.5%，"比较严格" 的占 44.5%，"不够严格" 的占 49.0%，"很不严格" 的占 5.0%。与 2014 年相比，企业家认为他们与政府打交道的时间在 2015 年有所增加。

---

① 要素市场的市场化程度主要从技术、资金及劳动力三个角度来构建，具体又分为金融业竞争、信贷资金分配的市场化、引进外资程度、劳动力流动性和技术成果市场化五个分指标。
② 市场中介组织指标包含律师、会计师等市场组织服务条件、行业协会对企业帮助程度、技术服务及出口服务四个分指标。
③ 维护市场法治环境指标分为生产者权益保护、知识产权保护和消费者权益保护三个分指标。
④ 调查主要涉及制造业、批发和零售业、建筑业、信息传输软件和信息技术服务业、租赁和商务服务业、房地产业、农林牧渔业、交通运输仓储和邮政业、电力热力燃气及水的生产和供应业、采矿业等行业，回收有效问卷 2526 份。

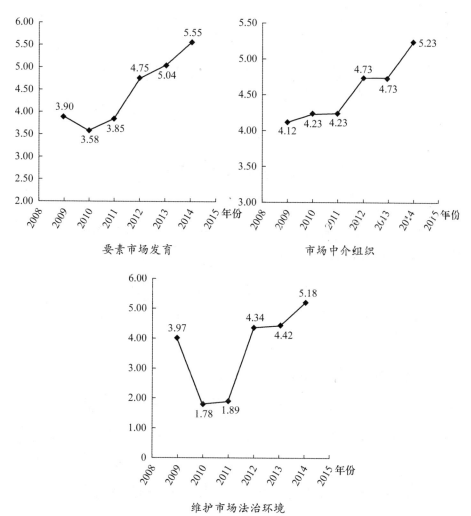

图 6-6　2009～2015 市场化指数（二）

资料来源:《中国市场化指数 2015 年报告》,中国改革基金会国民经济研究所,尚未发表。

表 6-5　　　　　企业家对 2015 年推动的有关改革/政策的评价　　　　单位:%

	成效很大	成效较大	有些效果	不太有效
简政放权	6.6	23.1	47.6	22.7
降低小微企业税负等减税措施	5.1	21.6	47.9	25.4
优化公平竞争的市场环境	2.6	14.6	48.3	34.6
完善资本市场	2.6	12.8	48.9	35.7

资料来源:中国企业家调查系统:《2015·中国企业经营者问卷跟踪调查报告》。

表6－6 　　　　企业家在"与政府打交道时间"方面变化情况 　　　单位:%

	明显减少	有所减少	基本未变	有所增加	明显增加	评价值
2015 年	8.9	27.6	42.9	15.0	5.6	2.81
2014 年	7.3	28.4	46.4	13.8	4.1	2.79

资料来源：中国企业家调查系统：《2015·中国企业经营者问卷跟踪调查报告》。

（二）现阶段我国市场化进程中存在的主要问题

1. 价格放开领先，价格监管滞后

目前除了少数行业外，在竞争性领域已基本形成市场决定价格机制，但价格放开后相应的价格监管没有跟上，如价格立法不完善、价格监管机制与队伍建设滞后、社会参与和社会监督机制没有形成。这往往导致价格违法行为大量存在，市场秩序混乱，无法真正发挥价格调节资源配置的作用。

2. 要素流动受限导致要素价格扭曲

我国当前的要素价格普遍存在不同程度的扭曲，其主要原因是要素的自由流动受到较大限制。一方面，要素流动存在显性或隐性门槛（如资本、劳动力），另一方面，相应市场建设不完善，导致价格机制无法有效发挥作用（如技术、土地）。因此，要通过深化制度改革消除要素价格扭曲。

3. 国有企业的特殊地位影响竞争公平

现实条件下，一些国有企业往往在法律约束、融资能力以及土地、劳动力使用等方面存有优势，从而使其在市场竞争中处于特殊地位，影响了竞争的公平和资源的有效配置，并挤压了其他企业的发展空间。从表6－7中可看到，虽然国有企业总体利润率不低，但其主营业务利润率却明显低于民营企业（近几年差距在持续扩大），表明国有企业拥有巨大的非主营业务收入，包括房地产、银行转贷赚取利差以

及对上游企业应付账款的拖欠等。与此同时，国有企业的特殊地位也影响了其自身效率的提高，一方面，虽然国有企业多处于市场垄断地位，但其主营业务利润却低于市场平均水平，另一方面，在预算软约束条件下，亏损的国有企业往往能享受政府和银行的补贴（财政直接补贴、获取银行低息贷款、拖欠贷款等）。

表6-7　国有企业主营业务收入与利润情况（规模以上）　　　　单位:%

类别	年份	主营业务收入		利润		主营业务利润	
		同比增速	占比	同比增速	占比	同比增速	占比
国企	2013	6.1	25.1	6.4	24.2	0.2	19.9
	2014	2.1	23.4	-5.7	21.6	-12.3	17.8
私企	2013	15.4	32.0	14.8	33.2	3.8	37.6
	2014	9.2	33.8	4.9	34.5	4.2	37.5

资料来源：中国统计年鉴。

4. 自由进入与退出市场仍存障碍

当前，民间资本在进入能源、电信、铁路、金融、市政、教育、卫生等行业仍然存在"玻璃门""弹簧门"现象，一方面是因为准入门槛过高，另一方面是配套机制有待完善。市场退出困难则主要表现为企业破产难，原因一是来自地方政府和银行的阻力，出于种种利益考量不愿意企业破产，二是现实中对企业的刚性兑付要求，使得企业法人的有限责任变为企业主的无限责任，三是破产法有待完善以及法院受理破产案件的能力仍严重不足。

5. 市场透明度低，法制和信用建设滞后

当前，由于市场监管能力不足以及市场信息公开的机制不完善，我国市场的透明度仍然较低，影响了市场交易的公平和效率。过去我国的市场化改革主要以行政文件来推进，而配套的法律法规却没有同步跟上，不利于市场主体遵守市场规则以及形成稳定的市场预期。此

外，我国信用体系建设滞后，市场信息披露与市场监管机制尚不完善，政府部门间由于部门利益，消极抵抗信息共享。市场道德缺位，市场主体自我约束力差的现象普遍存在。

（三）下一阶段推进市场化改革的建议

通过梳理中央关于市场化改革的文件发现，2020 年市场化改革目标可概括为开放、自由、公平、透明、法治五个关键。在这样的总体目标下，表 6 – 8 针对上一部分中提到的当前市场化进程中存在的问题，提出相应建议与对策。

表 6 – 8 　　　　　　　　2020 年市场化改革目标

目标分类	主要内容	政策文件
价格改革	到 2017 年，竞争性领域和环节价格基本放开，政府定价范围主要限定在重要公用事业、公益性服务、网络型自然垄断环节。到 2020 年，市场决定价格机制基本完善，科学、规范、透明的价格监管制度和反垄断执法体系基本建立，价格调控机制基本健全	《关于推进价格机制改革的若干意见》
	减少政府对价格形成的干预，全面放开竞争性领域商品和服务价格，放开电力、石油、天然气、交通运输、电信等领域竞争性环节价格	《2015 年中共中央十三五规划建议（全文）》
要素流动	深化市场配置要素改革，促进人才、资金、科研成果等在城乡、企业、高校、科研机构间有序流动	《2015 年中共中央十三五规划建议（全文）》
公平竞争	1. 清理和规范涉企行政事业性收费，减轻企业负担，完善公平竞争、促进企业健康发展的政策和制度。激发企业家精神，依法保护企业家财产权和创新收益。加快形成统一开放、竞争有序的市场体系，建立公平竞争保障机制，打破地域分割和行业垄断； 2. 鼓励民营企业依法进入更多领域，引入非国有资本参与国有企业改革，更好激发非公有制经济活力和创造力	《2015 年中共中央十三五规划建议（全文）》

续表

目标分类	主要内容	政策文件
市场准入与退出	降低实体经济企业成本行动，优化运营模式，增强盈利能力。限制政府对企业经营决策的干预，减少行政审批事项	《2015 年中共中央十三五规划建议（全文）》
	制定市场准入负面清单，国务院以清单方式明确列出禁止和限制投资经营的行业、领域、业务等，清单以外的，各类市场主体皆可依法平等进入；严格执行上市公司退市制度，完善企业破产制度，优化破产重整、和解、托管、清算等规则和程序，强化债务人的破产清算义务，推行竞争性选任破产管理人的办法，探索对资产数额不大、经营地域不广或者特定小微企业实行简易破产程序	《国务院关于促进市场公平竞争维护市场正常秩序的若干意见》
市场信用环境	到 2020 年，社会信用基础性法律法规和标准体系基本建立，以信用信息资源共享为基础的覆盖全社会的征信系统基本建成，信用监管体制基本健全，信用服务市场体系比较完善，守信激励和失信惩戒机制全面发挥作用。政务诚信、商务诚信、社会诚信和司法公信建设取得明显进展，市场和社会满意度大幅提高。全社会诚信意识普遍增强，经济社会发展信用环境明显改善，经济社会秩序显著好转	《社会信用体系建设规划纲要（2014—2020 年）》
	积极培育公开透明、健康发展的资本市场	《2015 年中共中央十三五规划建议（全文）》

1. 推进价格改革的三个关键：法治化、公开化与市场化

（1）通过价格立法、修法推进价格改革

加快相关配套法律法规的出台，尽快做实价格改革成果。为加快改革进程、促进改革政策措施真正落实到位，有关价格改革的会议决议和文件应尽快形成可操作的法律法规，从而使社会各界都能有据可循地加入到推进价格改革的过程中来。如 2015 年 10 月 12 日发布的

《关于推进价格机制改革的若干意见》中对电力、石油天然气等商品的价格改革都提出了新的要求，当务之急应尽快修改电力、石油天然气的法律法规，并加快石油天然气的立法进程。

修改完善现有法律法规中不合理的部分。由于现实条件的不断变化，一些既存的法律法规不适应新时期发展的需要，需及时尽快修正。例如现行《反垄断法》规定，外资并购境内企业，涉及国家安全的，应进行经营者集中审查和国家安全两种审查，对于内资则没有相关限制；此外，《反垄断法》中没有明确说明哪些行业中允许国有企业合法垄断，在执行中容易形成模糊执法地带，不利于市场公平竞争环境的营造。

（2）注重面向社会的信息公开与意见沟通

广泛建立价格监管的信息披露与社会参与机制，加强人大政协的民主监督职能。在公共事业或政府干预定价的领域，要将价格变动的具体细节与成本构成，公开向社会进行通报，且相关信息可供社会公众随时查阅，接受社会监督，从而提高改革的速度与质量。普及推广全国人大"专题询问"会议模式，进一步发挥人大、政协的民主监督职能。

完善听证会制度，扩大价格听证范围。改革推进过程中的困难往往来自于缺乏与社会公众的有效沟通，没有在改革前使公众对于改革的预期和实际的改革措施趋于一致。建议借鉴美国听证会制度（详见专栏1），扩大听证范围，以实现价格调整前与社会充分沟通，听取各方意见。对于预计到市场定价后会造成价格上涨的改革，更要做到事前与公众的充分沟通，以获取公众理解（参考90年代新加坡水价改革）。

【专栏1】　　　　　　　　美国价格听证制度

"听证"是美国行政程序的一个必不可少环节。几乎所有立法提案都要经过听证程序，很少有不经过听证程序而出台的法案或决定。

美国听证制度始于1946年，《联邦行政程序法》首次以成文法的形式明确规定了行政听证程序，强调对于一切可能影响当事人利益的事项都要经过听证程序。目前美国的听证会已经普遍存在于立法、行政、司法程序中，对于规范公共权力的运行、充分吸收公众的意见、保证公民的知情权和参与权发挥重要作用。

美国听证制度有以下特点。

一、听证参加人范围广泛，注重参与性

美国的听证会不设置听证代表，只要按照规定申请参加的利益相关者都有机会参与听证。由于参加人数众多，听证会通常持续几天，有的甚至连续召开数十天。对于一些重要议案，还会在多个地区举行多个听证会，以保证最大限度地征求公众意见。

二、社会组织作用强大，专业性强

在公用事业定价听证中，很多代表消费者利益的社会团体不仅代表消费者的利益参加听证，而且积极推动广大消费者参与听证会，以证明讨论的事务涉及更大的公共利益。社会团体会给予愿意参加听证会的消费者很多专业的指导，包括如何提出听证申请、如何提出意见和建议、如何回答问题等。

三、听证过程公开程度高

除了涉及国家机密和安全、个人隐私和商业秘密等法定事项之外，听证必须公开举行。正是出于让利益相关者都能获得充分的表达意见的目的，所以相关政府机关在听证会召开之前通过多种方式"广而告之"，包括报纸、电台、电视台等公共媒体公开"召开公众听证会"的消息。组织者还会在可能受到价格影响的地区的公示牌上贴出听证通知，通过邮件等形式对特定的组织或者团体发出听证通知。听证会通知中包含听证时间和地点、听证程序和拟听证事务的介绍。

资料来源：王敬波："美国价格听证制度借鉴"，载于《决策探索（下半月）》，2013年第6期。

发挥中介组织在政府与公众的协调沟通中的作用。依托竞争委员会与消费者协会等代表市场主体的中介组织，增加社会公众在价格监管与价格制定中的参与度。加快建立消费者集体诉讼制度，降低了受害者组织、协调的成本。

（3）引入市场化机制解决关键领域价格改革难题

发挥市场机制在公共服务定价中的作用。在政府干预定价中引入市场竞争机制，有利于提高效率。应积极探索市场机制发挥作用的定价制度创新，在保障公平的同时提高效率。例如，智利的"教育券"以及国内已经在一些省市试行的"科技券""创新券""服务券"（详见专栏2）等。

【专栏2】　　　　　　温州市服务券试点

2014年8月27日，温州市率先开展中小微企业服务券试点，与其他省市的科技券、创新券相比，服务券最大的特点是可以购买企业信息、人才培训、市场开拓、管理咨询、财务会计等多个领域的服务，且更为充分地引入了市场竞争机制，优化了财政资金扶持中小微企业的效率，实现需求精准对接，以小资金撬动更大的服务和消费。

目前，温州共有 674 家中小微企业申领了服务券，其中 617 家企业累计购买服务 698 笔，政府签约服务机构达 62 家共 163 个项目。温州市推行的服务券相当于在政府补贴中引入了市场价格，通过市场价格来对政府补贴进行精准定价，从而提高了政府补贴的精度与效率。

资料来源：课题组温州调研座谈记录整理。

稳步推进公共服务供给市场化。以医疗改革为例，相对于需求来说，我国目前医疗供给严重不足，如果放开医疗价格由市场决定，必然带来涨价。因此，在放开医疗服务市场同时，应同步建立完整的医疗服务市场体系。以美国为例，作为市场化医疗服务体系较为完善的国家，美国消费者从私人保险公司处购买医疗保险。医疗保险服务是一个完全竞争市场，私人保险公司为了扩大市场就必须提高服务，因此美国的医疗保险公司会为客户提供各家医院的信用评级以及就医咨询、医疗设施与医护人员推荐等综合性服务，从而推动了医院服务质量的提高。

（4）完善体制机制设计，提高政府价格监管能力[1]

完善价格监管体系，加强监管的独立性。建议将部分重要基础性产品和服务价格的定价权和监管权（如电价与成品油价）由原来的宏观调控综合管理部门集中监管，转移到职能管理部门分散实施，以保证价格监管职能与宏观调控职能的相对独立性。待条件成熟时，上述

---

[1]　资料来源：《国务院发展研究中心调查研究报告》，2013 年第 122 号（总 4371 号）。

价格监管权可再转移给独立的专业监管机构（如能源监管委员会）行使。

对垄断环节和公共事业加强价格监管。对已将可竞争环节与垄断环节分开的行业（如电力），尽快建立更加合理具体的输配电价成本核算规则，监管输配电价；上下游一体化的垄断行业（如天然气行业），对目前财务上已经独立的公司（天然气管道公司），逐步建立价格监管制度。加强对城市燃气、水务、垃圾处理等公共事业领域的价格监管。

通过税制设计调控价格，注重对环境及稀缺资源的保护。应加快推进资源税和环境税改革，进一步理顺价格与价外税费的关系，重点调整资源溢价的初次分配关系。我国缺少针对高耗能、高污染行为和产品课征的专门性税种，目前我国对绝大多数能源产品都实行税率17%的增值税，远低于人均能源同样缺乏的英、法、德、意、日的60%以上的能源税税率，也低于人均能源相对充裕的美国、加拿大的40%左右的能源税税率。因此，要加快改革资源税费制度，让资源税费能够充分体现资源的稀缺性和生态恢复成本。对于一定时期内资源溢价显著的异常情况，探索实施资源性产品的特别收益金制度，防止资源溢价利益全部被资源开采企业获得。

2. 加强公平竞争，促进要素平等使用与自由流动

（1）推动确立国有、非国有企业平等竞争地位

加快国有企业法律制定，明确国有企业责权。国有企业的特殊地位是要素使用不平等的主要原因之一。当前关于国有企业性质、职权、运营的法律法规缺位，也缺乏分行业的细分规范。要通过强化立法，设计有效且可操作的制度安排，从自负盈亏和明确权责两条途径推进国有企业市场主体平等化，从根本上实现要素的平等使用。

硬化国有企业预算软约束。预算软约束使得国有企业在要素市场（融资、土地竞拍等）上的行为不受成本约束，进而导致了要素配置扭曲。例如，在资本市场上，国有企业依靠预算软约束，获得的贷款利率远低于民营企业，导致很多国有企业从事"贷款转让"业务，即将银行低息贷款转手以高息借贷给民营企业赚取利差，造成资金的不平等使用，提高了整个经济的融资成本。建议逐步剥离国有企业的政策性负担，减少国有企业在维稳和吸纳冗余劳动力方面的压力；调整当前官员的激励模式，减少地方官员为国有企业提供预算软约束的动机；加强国有企业的信息披露与社会公众对国有企业的监督，提高国有企业进行预算软约束的成本。

（2）破除政策障碍，促进劳动力自由流动障碍

加快户籍与社保制度改革，推进城乡劳动力自由流动。当前，很多公共服务和社会福利政策长期与户籍直接挂钩，极大增加了劳动力流动的成本。要加快推进公共服务均等化，逐步剥除附着在户籍背后的各种权益，规定户籍不再是享有各种权益的唯一要件，如满足缴税一定年限等条件也可以享有同样权益。同时，加快城市公共服务设施建设，提高城市的人口接纳能力。

完善公平制度建设，推动人才有序自由流动。当前一、二线城市的户口已经成为人才就业时的重要考量标准，对人才流动产生了较大的扭曲。国有企业和事业单位由于能解决户口，往往在人才招聘时具有更大主动权。此外，对于人才在"体制内"与"体制外"的流动，目前没有统一的管理办法与规定。建议普及和落实一、二线城市落户打分制，对所有人才和企业平等对待；加快制定相关法律，对"旋转门"现象进行机制上的约束，使政府与市场间的人才流动能够规范化。

【专栏3】　　　　美国设立"冷冻期"约束机制应对"旋转门"

"水门事件"是美国的一个历史节点。这一事件激发了美国社会对政府、公职人员加强监管的强烈要求。1978年,《政府道德法》应运而生,其中,针对"旋转门"问题,法案规定行政分支高级官员在离职或退休后一年内不得受雇于任何公司或机构对其原供职政府部门展开游说活动。次年又开始对《政府道德法》内容进行调整。1989年,美国国会又通过了《政府道德改革法》,细化和修订了监管措施。此次调整的重要意义在于,将监管对象范围从行政分支扩展到立法分支和司法分支。重点之一就是将国会议员也纳入到"旋转门"监管的对象中来。自此,国会议员乃至其助手在离职后也不能立即"旋转"了。

根据法律规定,无论官职大小,公职人员离职或退休后不得代表其他个人、企业或机构,为与他本人在政府任职期间职务范畴有关的事宜出现在相应政府部门、机构或法庭上。职务范畴可具体到某项合同或某项授权。一般来说,针对一名公职人员离职前最后一年的职务范畴,此类限制期限为两年。但如果此人亲自负责某项具体事务且担负重大职责,限制期限可达终身。

对于高级别公职人员的"冷冻期"规定更为具体。比如,一名公职人员从一个高级别职位上退休后,不得代表其他个人、企业或机构,为了任何事宜而联络或出现在其原就职部门以寻求任何官方行动,"冷冻期"为一年。与此同理,更高职务的公职人员离职后"冷冻期"为两年,而且限制内容进一步加重,包括不得与任何政府部门或机构达到一定级别的高级官员接触。

资料来源:"国外监管'旋转门'现象的机制和对策",载于中国网,2013年8月21日。

（3）完善知识产权保护制度，促进技术交易市场发展

加快完善知识产权保护的相关法律与制度。目前，我国与知识产权保护相关的法律和制度建设落后，保护经费不足，适用人才短缺，知识产权相关法律立法程序透明度低。完善知识产权保护制度，一是要优化法制环境，加大执法力度，加快建设与国际惯例接轨的知识产权法律制度；二是要积极推进企事业单位建立完善知识产权管理制度；三是要培育和发展知识产权中介服务市场；四是要优化知识产权保护的舆论环境，提高全社会的知识产权保护意识。

加快发展技术评估中介。成熟的技术评估对于技术转让市场发展至关重要，我国的技术评估起步较晚，尚未走向市场，技术评估队伍人员素质参差不齐，没有形成规范的管理体系，没有协会监督管理，对技术评估报告的质量、技术评估人员的监督及技术评估人员的认可与培训尚无立法监控。因此，应加快建立技术评估中介机构服务体系，加强评估人员管理，提高评估针对性，重视事前评估以及完善评估法制，推进和落实我国技术评估的工作。

（4）完善土地流转制度，提高土地利用效率

完善土地流转与土地确权相关法律制度。明晰的产权界定是进行市场交易的基础性条件，当前，集体土地所有权和集体建设用地使用权的界定不清、权利设置不完整以及权利内容不全，从根本上限制了集体对其所拥有的土地所有权行使设定权利。要加快农村土地征收、集体经营性建设用地入市、宅基地制度的"三块地"改革试点，对于不同类型土地的流转方式和管理办法，要尽快出台相关政策与法律法规。

建立灵活的土地流转机制。在海南省三亚市的调研中发现，当地农民大量种植的经济作物圣女果需要在采摘后立即冷藏，但是农业用

地上无法加盖冷藏库，于是当地农民便搭建简易的冷藏棚，当国土局前来检查，便拆除这些冷藏棚，检查后复又重搭。这一过程既耗时耗力，又增加了农民的种植成本。因此，土地的流转与使用应设立一些灵活的机制，如种植用地在满足一定条件下可以用于建造农用设施，以提高土地的利用效率。

3. 深化改革，清除市场准入退出的结构性障碍

（1）清理"僵尸企业"，释放经济活力

转变企业家破产观，解除企业家"连带"责任。国内企业对法律意义上"破产"的认识普遍存在误区，认为破产等于清盘，对债务人意味着倾家荡产。而在实际借贷行为中，很多企业法人代表往往被要求承担连带责任，企业法人的有限责任变为企业主的无限责任，导致企业家不愿主动申请破产。因此，要尽快转变企业家（公司制企业）对于"破产"的认识，并加紧落实《破产法》中对于出资人的有限责任，保护出资人的合法权益。

改变政府的政绩观，加强地方政府的信息公开。"僵尸企业"的破产会影响地方 GDP、税收与失业率，甚至危及社会稳定，而这些是地方官员的重要考评指标。此外，一些地方政府还借助这些企业来维持"虚假繁荣"（如当地上市公司数量指标等）。综合以上利益考量，全国各地都出现过地方政府通过财政"输血"等手段保护僵尸企业免于破产的现象。建议调整过去以当年 GDP 考评干部的方式，而以地方经济的可持续发展能力及长期表现作为考评标准。同时建立地方政府信息公开制度（如财政支出明细），使地方政府接受社会监督，增加其向"僵尸企业"输血成本。

转变银行风险观，及时释放银行风险。当前，银行为了避免坏账和坏账产生后严格的内部问责，从银行管理者到客户经理，都惯于通

过给企业续贷来掩盖风险。最终使得银行被这些"僵尸企业"绑架，风险不断积累。在"担保链"背景下，这种风险会被成倍放大。应尽快改变银行目前的考评与问责机制，及时清算不良贷款，释放风险，促进"僵尸企业"退出市场，恢复健康的银企关系。

（2）完善《破产法》，加强法院受理破产案件能力

完善破产保护机制，建立个人破产制度。目前，我国的破产制度尚不健全，一是企业的破产保护机制没有得到很好的执行，二是《破产法》中没有涉及个人破产，三是将国有企业与金融机构排除在外。《破产法》的不完善是当前企业无法公平有序退出市场的重要原因，因此应尽快完善《破产法》，建立个人破产制度，并扩大破产法的市场主体适用范围。

加强法院受理破产案件的能力与动力，切实落实破产制度。目前，我国法院对破产案件的受理能力远远无法满足市场需求，绝大部分案件通过非正常手段退出市场，并没有按照《破产法》进入破产程序。据统计，2007 年《破产法》正式实施以来，全国法院受理破产案件每年平均 2000 件左右，但按照工商部门的统计，每年吊销注销的企业数为 70 万家。以广东省为例，2009 年广州市工商局吊销注销企业 8900 多家，但广州中院受理的破产案件只有 53 件。在受理能力不足的同时，法院也缺乏受理破产案件的积极性。破产案件进入法院程序复杂，期限长（1~8 年），投入的人力、物力成本高，但在考核时却与其他案件没有区别。建议增加法院受理破产案件的人力与物力支持，并在绩效考核中予以重视，同时出台强制破产制度，简化破产案件的受理流程。

（3）加速放开非国有资本进入门槛

切实放开金融等垄断行业的准入门槛。目前，我国已在能源、电

信、铁路、金融、市政、教育、卫生等垄断领域鼓励民资进入，但实际效果与速度均有待提高。以银行业为例，两年来一共审批了 5 家民营银行①，远未达到市场预期。可参照日本 20 世纪 70 年代一边完善体系内存款保险制度一边控制体系外金融交易的经验，"放管结合"，一方面建立健全相关制度，一方面大胆引入民营资本，形成平等的市场准入标准。

解决民资进入的"玻璃门""弹簧门"现象。应完善民营企业平等使用要素的政策，创造各类经济主体公平参与竞争的市场环境和各类所有制经济平等受到保护的法制环境；打破部门壁垒，创新推动融合审批与监管（如佛山"一站式"审批窗口经验）；促进信息公开，规范办事流程，加强社会监督。

4. 破除制度性障碍，加快社会信用体系建设

（1）打通部门信息，建立统一的政府信用信息库

从顶层设计出发，推动政府部门信息连通共享。调研发现②，由于部门利益，政府各部门间不愿意共享信息，导致政府征信系统建设进展缓慢。建议从顶层设计出发，制定各部门间信息互通的要求与规定，而不是由部门间自行探索，从而加快部门间信息连通共享的进度。

统一信息标准与口径，规范信息搜集与更新方式。目前，部门间信息无法连通共享的另一个原因是信息统计口径不一，且信息本身的质量不高，不仅在整合上造成了困难，也使得目前的信用信息库中的有效信息不多。因此，需要上下协调，尽快统一各部门的信息统计标准与口径，改进基层信息搜集、更新的方式和能力，形成更新及时、

---

① 五家银行为深圳前海微众银行、上海华瑞银行、温州民商银行、天津金城银行和浙江网商银行。

② 国务院发展研究中心扶持小微企业发展政策措施落实情况评估组。

口径统一、信息含量高的政府信用数据库。

循序渐进，分步推进政府信息互联互通。信用信息的纳入应遵循循序渐进、重要信息优先纳入的原则，分步推进。应优先工商、税务、信贷、海关、质检等企业关键信息，然后逐步加入违法违规、环保、财务、股权等信息。

（2）健全信用法律法规，建立信用监管配套制度

加快制定个人隐私保护、信用报告等信用体系建设配套法律。完备的法律体系是社会信用体系的基础保障。涉及信用管理的法律主要包括：规范信用信息公开的法律、保护个人隐私的法律、规范催账程序的法律和加强信用监督的法律。以美国为例，美国在信用方面的相关法律法规有17部，涉及信用产品的加工、生产、销售和使用等各个环节。其中比较重要的法律法规有：《公平信用报告法》《消费者信用保护法》《平等信用机会法》《公平债务催收作业法》《诚实借贷法》和《公平结账法》等。我国目前信用体系建设配套的法律法规制定严重滞后，制约了社会信用体系的发展，建议尽快加速相关立法进程。

加快建立配套信用监管机制。要尽快明确各行政部门在社会信用监管中的职权，并酌情考虑设立专门的信用监管机构。以台湾地区为例，台湾地区对征信业的监管是通过"财政部""中央银行""行政院金融监督管理委员会""经济部"及地方政府工商部门根据相关法律来执行的。其中，"财政部"发挥最主要作用；"行政院金融监督管理委员会"作为台湾的金融监督管理机关，负责对征信机构的日常业务实施管理；"经济部"及地方政府工商部门负责对私营征信机构设立进行登记核准以及内部管理、资料利用、设备维护方面的一些例行检查。

（3）以市场化为导向促进民间征信发展

尽快出台民间征信相关制度与法律法规。目前，我国民间征信快速发展，但由于相应的法律法规缺位，导致行业秩序混乱，市场对这些征信机构的信用信息信任度低。因此，规范民间征信的相关法律法规亟待制定，在法律的规范之下，依靠市场经济的法则和信用服务行业的自我管理来运作。

充分发挥信用中介机构与信用服务协会的作用。在社会信用体系成熟的国家，信用中介机构与信用服务协会往往是社会信用体系建设的主要参与者。以美国为例，美国社会信用体系中关键的一环是非常活跃的信用服务行业协会，这些协会是在信用交易发展基础上，根据信用服务企业的要求而逐步建立和发展起来的。信用服务行业协会的主要职能有，联系会员单位，为业内的信用服务机构和从业人员提供交流的机会和场所；进行政府公关或议会的院外活动，为本行业争取利益；开展专业教育，举办培训、从业人员资格考试等活动；举办大型信用领域学术交流会议，出版本行业刊物等；制定技术标准；为客户提供商账追收服务，向政府提出修改法律的建议，为授信机构提供决策咨询服务等。

【专栏4】　　　　　社会信用体系建设的国际经验

案例一：美国社会信用体系构建的经验

美国的信用体系在所有市场经济国家中具有代表性，其历经一百六十余年积累的建设经验，具有重要的参考价值和借鉴意义。

（一）突出市场的主导作用

美国强调在信用行业发展过程中始终发挥市场的主导作用，注重维护一个公正、有效的由市场主导的信用征集系统。在法律的规范之下，依靠市场经济的法则和信用服务行业的自我管理来运作，在这种运作模式中，信用中介机构发挥主要的作用，其核心动力是经济利益。

（二）健全的法律法规体系

美国在信用方面的相关法律法规有 17 部，涉及信用产品的加工、生产、销售和使用等各个环节。其中比较重要的法律法规有：《公平信用报告法》《消费者信用保护法》《平等信用机会法》《公平债务催收作业法》《诚实借贷法》和《公平结账法》等。

在美国，法律对信用服务机构的市场准入没有特别的限制，一般投资者具备相应信用状况，达到法定注册资本额即可申请设立，但对信用服务行业的行为做出了明确的规范和约束。如《公平信用报告法》规范了消费者信用调查机构和消费者信用报告的使用者、消费者个人对信用调查报告的权利以及个人征信机构对于报告的制作、传播以及法律责任等多方面内容；《公平债务催收作业法》对于向消费者个人进行催账的专业商账追收公司的行为做出了规范。

（三）政府对信用服务业建立了分工明确的管理体制

美国政府对信用行业的监管，主要是针对征信机构和消费者信用报告使用机构。根据美国联邦政府的指派，美国联邦贸易委员会是美国信用管理的执法部门，其职能是：拟订主要信用管理法案的提案，推动修订法律；监督消费者信用保护法律的执行，监管信用服务机构；揭露违反公共政策、造成消费者损害的不公平或欺诈行为。它管辖的范围包括全国的零售企业、提供消费信贷的金融机构、不动产经纪商、汽车经销商、信用卡发行公司等。监管商业银行信用管理法律的执法机构是财政部货币监管局和联邦储备委员会。

（四）组建信用行业协会，充分发挥行业协会作用

美国的信用服务行业协会是在信用交易发展基础上，根据信用服务企业的要求而逐步建立和发展起来的。到目前为止，美国影响较大的信用行业协会有：全国信用管理协会、消费者数据业协会、美国国际收账者协会、美国银行公会等。美国信用服务行业协会的主要职能是：联系会员单位，为业内的信用服务机构和从业人员提供交流的机会和场所；进行政府公关或议会的院外活动，为本行业争取利益；开展专业教育，举办培训、从业人员资格考试等活动；举办大型信用领域学术交流会议，出版本行业刊物等；制定技术标准；为客户提供商帐追收服务，向政府提出修改法律的建议，为授信机构提供决策咨询服务。

（五）建立失信惩戒机制

建立失信惩戒机制，使守信用的人得到鼓励，使失信的人受到惩罚，是信用体系得以健康发展的重要前提。美国建立失信惩戒机制的主要措施，一是把交易双方失信者或经济生活中发生的失信行为，扩大为失信方与全社会的矛盾。主要通过各类信用中介公司生产的信用产品大量销售，从而对失信者产生强大的约束力和威慑力。二是对失信者进行经济处罚和劳动处罚。三是司法配合。由于美国的信用交易十分普遍，信用制度很完备，使得缺乏信用记录或信用记录历史很差的企业和个人不可避免地被披露于相关的经济和社会领域，从而对其生存和发展带来负面影响。

（六）信用信息公开，规范信用产品的使用

美国法律对于正常取得企业资信调查征信数据没有任何限制；对于消费者个人信用数据的传播，法律规定除个人隐私外都可以采集，信用局收集消费者个人信用信息不需要经过被记录者同意，大多

数授信机构也会将消费者的不良记录主动提供给信用局，使失信消费者的信用记录增加负面信息。三大信用局主要通过三个渠道免费获取消费者的信息：银行、信用卡公司、公用事业部门、零售商提供消费者付款记录的最新信息；雇主提供消费者职业或岗位变化情况；政府公开的政务信息。企业资信调查机构的信息来源渠道是：公开的电话号码本；政府免费提供的工商、法院诉讼等信息；网络等媒体；上市公司信息；客户企业主动提供的信息。

案例二：台湾地区社会征信模式

台湾地区征信业随着台湾经济的现代化进程而跌宕起伏，从1931 年日据时代至今已有 80 多年历史。在公共征信与私营征信机构的差异定位、征信市场监管、征信产品设计与开发以及推进征信业国际化等方面，台湾地区积累了丰富的经验。

（一）台湾地区征信机构：公私征信机构并存

台湾地区征信机构分为公共征信机构、私营征信机构两类。前者仅有财团法人金融联合征信中心（简称金融联合征信中心）一家，始于 20 世纪 70 年代。后者数量较大，目前有 380 多家。

金融联合征信中心向会员机构提供的查询服务主要有客户基本信息、银行授信信息、联属企业信息等共约一百多项。同时也应企业和个人申请，为被征信对象有偿提供信用报告。金融联合征信中心是目前台湾岛内唯一收集金融机构信用资料的信用报告机构，也是亚洲第一家收集并提供企业、个人正负面信息报告的机构。2004年世界银行举行世界信用报告机构调查评比时，其综合得分位列公共信用报告机构之首。

台湾地区的这种征信模式由银行业协会为主建立信用信息中心，受"财政部"和"中央银行"直接领导，为协会会员提供个人和企业的信用信息互换平台，通过内部信用信息共享机制实现信用信息的征集和使用。根据协议，会员向信息中心义务提供会员掌握的个人或者企业的信用信息，同时协会信用信息中心也仅限于向会员提供信息查询服务，不以营利为目的，只收取成本费用。这种模式的优点在于，借助政府力量协调各方利益，推进信息库的建立，部门联合管理模式有效破除了行政管理体制的障碍，避免多个征信机构的重复运行和征信市场分割，保证了信息产品质量，并且与台湾地区金融机构治理模式比较适应，可以很好地为金融机构提供服务。

台湾地区私营征信的投资方主要是私人和法人。它们的信息来源广泛，除银行和相关的金融机构外，信贷协会和其他各类协会、财务公司或租赁公司、信用卡发行公司和商业零售机构等也是其信息源，信息内容也较全面，不仅征集负面信息，也征信正面信息。在服务对象上比金融联合征信中心广泛，面向全社会提供信用信息服务。这种征信模式的优点是政府不用投资，私营征信机构比较熟悉市场需求，可以适时开发征信产品以更好地满足客户多样化、多层次的需求。

（二）台湾地区征信行业监管：以政府监管为主导

台湾地区没有专门的部门对征信业实施监管，而是由"财政部""中央银行""行政院金融监督管理委员会""经济部"及地方政府工商部门根据相关法律履行监管职能。其中，"财政部"发挥最主要作用；"行政院金融监督管理委员会"作为台湾地区的金融监督管理机关，负责对征信机构的日常业务实施管理；"经济部"及地方政府工商部门负责对私营征信机构设立进行登记核准以及内部管理、资料利用、设备维护方面的一些例行检查。

案例三：德国信用体系建设

欧洲国家的社会信用体系同美国相比较，存在一定差别：一是信用信息服务机构被作为中央银行的一个部门建立，而不是由私人部门发起设立；二是银行需要依法向信用信息局提供相关信用信息；三是中央银行承担主要的监管职能。下文以德国为例进行介绍。

（一）公私并存的信用服务机构格局

德国社会信用体系包括公共征信系统和私营信用服务系统两部分。公共征信系统主要包括德意志联邦银行（德国中央银行）信贷登记中心系统以及工商登记信息、破产法院破产记录、地方法院债务人名单等行政、司法部门的信息系统。德意志联邦银行信贷登记系统供银行与金融机构内部使用，在使用范围上有明确的限制，而工商登记信息、法院破产记录和债务人名单均对外公布，并可查询。公共信用信息系统依法向私营信用服务系统提供信息服务，成为私营征信机构信息的重要来源之一。

私营信用服务系统是德国社会信用体系的主体。私营信用服务系统主要包括私营信用服务公司根据自身业务需要建立的企业与消费者信用数据库及其提供的信用服务。

（二）多种经营模式混合使用

德国社会信用体系涵盖了目前世界上三种最普遍的模式：一是以中央银行建立的"信贷登记系统"为主体的公共模式；二是以私营征信公司为主体的市场模式；三是以行业协会为主体的会员制模式。

（三）丰富的信用服务范围

除了德国中央银行建设的"信贷登记系统"具有较为专业的数据采集和使用对象，以各类私营机构为主的征信机构业务范围涵盖了企业与个人的资信调查、信用评级、信用保险、商账追收、资产保理等。

（四）完备的信用管理法律体系

完备的法律体系是社会信用体系的基础保障。由于私营的社会信用服务体系占据德国社会信用体系的主体，因而有关信用管理的法规散见于商法、民法、信贷法和数据保护法等多部法律法规中，并没有建立一部专门的信用管理法。这些涉及信用管理的法律主要包括规范信用信息公开的法律、保护个人隐私的法律、规范催账程序的法律和加强信用监督的法律。

（五）分类监管的信用管理方式

由于德国信用体系结构的多样化，即公共模式、市场模式、会员制模式并存的特点，其信用体系的监督管理也存在多样化特点。

（1）在以德意志联邦银行统一建立的"信贷登记系统"的公共模式下，金融机构向"信贷登记系统"提供信息并按规定使用信息。联邦银行作为中央银行，负责该系统有关信息报送、使用的监督管理。

（2）在以市场模式为主的私营公司领域。各私营公司按照相关法律法规的要求开展业务，监督与管理职责由出台相关法规的职能部门执行。

（3）在行业协会领域。由专门的行业协会实施协会内部的监督管理职能。例如通用信用保险保护协会（Schufa）内部，协会建立了成员单位的信息共享平台，同时协会也负责监督管理各成员单位在信息平台的信息提供、披露等行为。

资料来源：①徐宪平："关于美国信用体系的研究与思考"，载于《管理世界》，2006年第5期。②聂得科，张旭昆："台湾征信业研究"，载于《征信》，2011年第6期。③廖勇刚："德国社会信用体系建设对我国的启示"，载于《青海金融》，2009年第4期。

二、更好地发挥政府作用

"更好发挥政府作用"既不是"更多"发挥政府作用，也不是"更少"发挥政府作用，关键在于"更好"，仅以简单的"多"或"少"是不能准确判断政府作用发挥的是"好"还是"不好"。判断是否实现"更好发挥政府作用"的重要标准，就是要看"市场是否能在资源配置中起决定性作用"，使市场在资源配置中起决定性作用就是更好地发挥了政府作用，即凡是市场能做好的，就交给市场去做，当市场做不了或做不好的时候，就要切实发挥政府作用，弥补市场失灵。

（一）我国政府职能的定位与演变

更好地发挥政府作用，首先是要明确政府职能的边界，认清政府在经济运行中"应该做什么"和"不应该做什么"。由于受不同政治体制和文化传统影响，政府职能在内容和形式上千差万别，即使在同一个国家的不同历史时期，有关政府职能的界定也因客观发展实际以及人们对政府作用主观认识等因素而发生变化。

新中国成立以来，我国政府职能大致经历了全能型政府职能（1949~1978 年）、有限型政府职能（1978~2003 年）和服务型政府职能（2003 年至今）三个发展阶段。在全能型政府职能时期，政府"重政治职能，轻经济职能"，政府管理经济的唯一手段就是行政命令，"重计划、否市场"，"强政府、弱社会"。十一届三中全会以后，随着改革开放的不断深入，全能型政府职能体系的弊端日益明显。在此后的一段时期里，党和政府积极探索新型职能体系，逐渐建立和完善了有限型政府职能体系。有限型政府以经济职能为重心，以经济和法律手段间接管理经济，并充分发挥市场配置社会资源的基础作用。此后，党的十七大报告明确提出，"加快行政管理体制改革，建设服务型政府"，标志着我国开始由有限型政府职能向服务型政府职能转变。

从政府的具体职能来看，党的十六大报告明确了政府经济调节、市场监管、社会管理和公共服务四大职能。党的十八届三中全会《决定》中提出，加强中央政府宏观调控职责和能力，加强地方政府公共服务、市场监管、社会管理、环境保护等职责。其中，环境保护的职能首次成为政府职能之一，同时首次区分了中央政府职能和地方政府职能（见表6-9）。

表6-9   政府职能划分表

来　源	政府职能
党的十六大报告	经济调节；市场监管；社会管理；公共服务
党的十八届三中全会《决定》	宏观调控；公共服务；市场监管；社会管理；环境保护
世界银行（1997）	建立法律基础；保持非扭曲的政策环境，包括宏观经济的稳定；投资于基本的社会服务和基础设施；保护承受力差的阶层；保护环境
马斯格雷夫	资源配置；收入再分配；稳定经济
斯蒂格利茨	建立法律框架；提供公共物品；收入再分配；稳定经济；资源再配置
安德森	提供经济基础；提供各种公共产品和服务；协调与解决团体冲突；维护竞争；保护自然资源；为个人提供获得商品和服务的最低条件；保持经济稳定

资料来源：作者整理。

（二）政府发挥作用新进展

在2015年11月10日召开的中央财经领导小组第十一次会议上，

习近平总书记首次提出"供给侧结构性改革"概念："在适度扩大总需求的同时，着力加强供给侧结构性改革，着力提高供给体系质量和效率，增强经济持续增长动力。"2015 年 11 月 17 日，李克强总理在主持召开"十三五"《规划纲要》编制工作会议时强调，要在供给侧和需求侧两端发力促进产业迈向中高端。

中央政府强调供给侧结构性改革，对宏观调控提出了新的挑战。一是宏观调控从单独需求侧管理向供给侧和需求侧双管齐下转变。二是从以总量调控为主转向总量调控和结构调控并重转变。三是从单要素投入（投资）向全要素生产力提高为目标转变。四是从以短期调控为主向短中长期兼顾转变。五是财政政策从扩大支出和增加财政收入为主向以减税清费为主转变。六是从传统"四驾马车"——出口、消费、投资（民间投资、政府投资）和收入分配向新"四架马车"——土地、劳动、资本和创新转变。

事实上，由于发达经济体已经建立市场经济体制，因此在国外，结构性改革就是指体制改革，而在国内，结构性改革和结构性调整被调包，结构性改革变成了结构性调整，供给侧改革变成了管理供给侧，有些学者将供给侧结构性改革赋予"管理"之名，建议采用行政手段在宏观调控中对供给进行直接调控，即政府调控供给，以实现总供给和总需求的平衡，但这极易使改革重回计划经济，应当予以警惕。

（三）现阶段我国宏观调控存在的主要问题

过去，我们往往习惯于将经济运行中出现的问题归结于政策失误，而忽略了体制上、机制上存在的深层次原因和制度性缺陷，导致失误不断重复，问题反复出现。因此，必须从制度层面加以深入分析，从机制层面寻找客观原因，从改革中寻找出路。对于当前宏观调控体系中存在的问题，可以从事前、事中和事后三个阶段来加以考察。

1. 事前阶段

统计数据失真削弱宏观调控的前瞻性和针对性。我国现行的统计制度存在统计数据质量不高、统计数据失真等问题，影响宏观调控的决策，削弱宏观调控的前瞻性和针对性。造成统计数据失真的主要原因在于统计制度本身存在着制度性缺陷。首先，统计部门自身存在造假动机。现行统计制度安排上，统计部门不仅负责统计和公布各种数据，同时还肩负着形势分析和经济预测等职能，于是为了有更多的话语权，统计部门就容易产生造假动机，数据为观点服务，甚至为论证自己当初预测的准确性而不惜调整统计数据。其次，受到地方政府的干扰。由于各地之间的竞争攀比日趋激烈，来自地方政府对统计数据的干扰也日益强烈，使得统计部门常常左右为难。再次，来自中央政府的压力。在现行制度安排下，统计部门是在国务院领导下，而国务院又全面负责经济工作，于是，每当经济形势不好，尤其是过冷或过热时，统计部门就很容易受到来自上级的压力，不得不"顺上意""说好话"。最后，统计部门的数据垄断。国家统计局是我国唯一的官方综合数据统计机构，缺乏在数据收集与整理方面的竞争机制，这也是当前我国统计工作效率不高的重要原因之一。

2. 事中阶段

财政政策、货币政策和产业政策等之间缺乏有效的协调。财政政策、货币政策和产业政策等在政策效果局限性、约束条件、侧重点等方面存在诸多不同。单独一项政策，都不能很好地实现宏观调控目标，必须通过综合协调财政政策、货币政策与产业政策等，才可以提高政府对宏观经济运行的调控水平。然而，近年来我国财政、货币政策常常存在不协调的问题，无论是在 1998 年应对亚洲金融危机还是 2008

年应对全球金融危机期间，在实行以大规模增加公共投资为主要措施的"积极财政政策"的同时，也引发了"货币超发"，并带来政府债务规模的持续攀升、较大的通货膨胀压力和产能过剩等问题，削弱了宏观调控的效果。

中央银行独立性缺失。朱镕基总理时期，地方政府对中央银行货币政策的干预被大大削弱，但是，从过去十几年的实际情况来看，目前中央政府以及中央有关部门依然存在对于货币政策不同程度的干预。学术界已经证实，中央银行的独立性指数与通货膨胀率之间存在着负相关关系，即中央银行的独立性越低，通货膨胀率就越高；反之，中央银行的独立性越高，通货膨胀率就越低[①]。在"四万亿"投资计划实施之后，我国的实践再次印证了这种负相关关系。此外，人民币在加入 SDR 后，人民币国际化提速，央行功能和货币政策都面临全面重塑，对我国货币政策进行监督问责的不仅是国内，更多的将来自国际社会，缺乏独立性的中央银行会受到越来越多的挑战。

货币政策决策机制不规范、不透明。我国货币政策的制定过程不够透明、规范，一方面大量市场主体无法对货币政策进行及时准确的评估，货币政策难以有效引导预期；另一方面，少量能够提前获得"内部消息"的人士在资本市场大肆获利，致使通货膨胀和房地产泡沫等现象始终难以克服，对经济可持续增长和金融体系安全构成了重大威胁。

财政预算编制、执行和监督过度集中，且缺乏政府债务监管机制。一方面，当前我国财政预算的编制、执行和监督权力都集中在财政部，相当于财务和出纳由一人承担，导致预算的编制与执行透明度较差，

---

① Alberto Alesina, Lawrence H. Summers, Central Bank Independence and Macroeconomic Performance: Some Comparative Evidence, Blackwell Publish, 1993, P155.

国际经验表明，财政部门具有较高的自由裁量权，不利于人大和公众的监督。另一方面，在财政权力高度集中的同时，由于政府性债务的多头审批，导致地方政府性债务无人监管，债务规模无法有效控制，影响财政政策执行效果。

产业政策转型慢，影响宏观调控水平。我国产业政策正在从选择性产业政策向功能性产业政策转变，但在转变过程中，从制定到实施依然存在诸多问题和不足。一是产业政策短视化。当前产业政策在一定程度上已经变为应对国际金融危机的应急措施，这种短视化的措施既不利于产业结构调整和淘汰落后产能，也不利于新兴产业的培育与发展，还加剧了经济周期的波动。二是产业政策协调差。一方面从横向来看，中央层面各个经济管理部门制定的产业政策协调性不足，另一方面从纵向来看，由于地方产业政策的制定往往和官员的晋升激励捆绑在一起，导致地方政府做出更加符合自身利益而非整体利益的行为选择，这种情况不仅造成中央与地方产业政策不协调、不配套，产业布局重复低效，也会使得市场主体陷入迷茫。三是政府替代市场选择技术路线导致效率低下。基础研究具有较大的外部性，需要发挥政府的作用；而技术研发具有较大的排他性，需要更多地发挥市场的作用。当前我国科技创新产业政策扶持的最大问题在于没有明确区分科学与技术，大量政府资金过多集中于技术研发，而对基础研究的支持明显不足。

3. 事后阶段

宏观调控缺乏事后信息披露机制。由于宏观调控政策制定的不规范和不透明，导致宏观调控体系缺乏信息披露机制。在信息披露机制下，政策制定者就需要对自身的言行负责，提出的观点和表决都必须慎重而行，从而提高参与者的专业性和责任心。相反，在缺乏信息披露机制的情况下，政策本身的好坏全凭制定者的道德操守和专业水平，而政策失败的成本最终却由全社会承担，缺乏有效的责任监督机制。

产业政策只进不退。产业政策的运用力度和范围有其条件限制，当产业发展较为成熟后，包含各种补贴性质的特惠性政策应该逐渐退出，将发展主导权让渡给市场。然而，一方面中央政府当前依旧习惯依靠行政力量驱动少数关键产业发展，对于产业政策的退出机制缺失考量和设计。另一方面地方政府在晋升激励的驱动下，也倾向于优先发展中央予以扶持的产业（如光伏、汽车等），以求快速做大 GDP，并采取重复建设、地方保护主义、任意税收减免等一系列的恶性竞争手段。这种"中央放火、地方浇油"情形是造成当前部分产业产能严重过剩的根源。

（四）新形势下宏观调控在政府作用中的重新定位

1. 宏观调控体制改革

针对统计数据失真问题，建议加强统计部门独立性，提高统计公信力。首先，要排除统计部门自身的造假动机，必须将形势分析和经济预测职能从统计部门剥离出去，以便使统计部门能够专注于统计数据本身的真实性和准确度。其次，要排除来自地方政府的干扰，防止地方间相互攀比，仿效我国汉朝时期，按照大区的范围来进行统计并加以公布，就可以大大提高其真实性和可靠程度。再次，要排除来自中央政府的压力，应当尽快将统计部门从政府序列中转移出去，移到全国人大序列，专门对人大负责。这样做，不仅不会降低政府的权威和公信力，反而可以表明新一届政府将依靠真本事搞经济，而不再依靠调数字、混日子；而且还可以表明新一届政府"壮士断腕"的坚强决心，表明改革从政府自身做起的大智大勇。最后，打破统计部门包打天下的垄断局面，允许符合一定资质的民间机构依法、科学进行数据采集和统计整理，这既是对官方统计机构的有效补充，也是通过引入竞争机制，刺激官方机构更好地提高统计工作的质量和效率，从而促进我国统计工作的整体公信力的提高。为此，需要进一步解放思想，需要对统计工作采取更加开放、更加理性的心态，需要修改《统计法》《保密法》等相关法律，需要官方机构对民间统计的大力支持和政策扶持。

针对政策协调性差的问题，建议加强财政政策、货币政策和产业政策协调配合，建立财政政策委员会和产业政策委员会等决策机构（而非实体部委）。由于财政政策、货币政策和产业政策归属不同的部门负责，政策目标间存在诸多不一致的地方。因此，必须尽快使三者向"协调型"转变。为此，需尽快完善决策机制，要建立类似于货币政策委员会的财政政策委员会和产业政策委员会，分别作为财政政策和产业政策的决策机构；在组成人员上，不但有各经济职能部门的成员，还要吸收专家学者进入，并且三个决策机构的部分成员应实行交叉任职，以加强三者之间的信息共享和协调配合。另外，在决策机制上，应采用匿名投票模式。为了防范委托代理关系中出现的道德风险，就必须加强信息披露，并建立后评价机制。

针对中央银行的独立性差的问题，建议逐步从机构、人事、财务和决策方面提高央行独立性。首先，逐步实现机构独立。从世界主要国家中央银行的机构设计来看，中央银行独立于政府部门序列是发展趋势。从我国的实际情况来看，当前全国人大相关委员会的专业性和决策效率还不如国务院，而货币政策决策具有非常高的专业性和及时性。因此，我国中央银行转变为直接对全国人大负责的独立部门是未来的发展趋势，但配套改革措施是要改革全国人大代表的产生机制，提高全国人大相关委员会的专业水平和监督效率。其次，逐步实现人事独立。与中央银行直接向全国人大负责相配套的是，中央银行行长应由国家主席直接提名，经过全国人大投票表决通过；行长任期应与政府换届错开，并可连选连任。同时，中央银行职员也应从目前的"参公管理"改回相对独立的"行员制"。再次，尽快实现财务独立。中央银行的财务管理体系应脱离财政部管辖，直接对全国人大负责，每年向全国人大提交财务报告和资产负债表。但需要指出的是，中央银行每年获取大量的铸币税收入，在财务独立后，其收入除了维持自身运营开支外，仍要上交国库。最后，逐步实现决策独立。实现中央银行货币政策决策的独立性，是防范财政货币化和提高货币政策调控效果的重要基础。

针对货币政策不透明、不规范的问题，建议做实货币政策委员会，将货币政策委员会从目前的咨询机构提升为真正的决策机构。首先，改革货币政策委员会的成员构成，减少委员会人数，降低政府官员的比例，提高金融领域独立学者的比例，延长学者的任期，从而提高货币政策决策的科学性和决策效率。其次，货币政策委员会委员专职化，其中的大部分委员应该是全职或专职委员，任职货币政策委员会期间应卸任其他所有社会职务，以减少部门利益诉求对货币政策决策的干扰。再次，货币政策委员会直接向全国人民代表大会及常务委员会负责，每年定期或不定期向人大报告货币政策的制定和实施情况。人大对货币政策委员会有询问、监督和问责的权利，并对其组成人员有提名和任免权。再次，提高中国人民银行货币政策制定的规范性、透明度和问责机制，借鉴美、英、欧盟以及日本等国中央银行在货币政策制度规范性和科学性方面的制度安排，及时发布会议纲要，适时公布会议记录，提高透明度，以便更好地评估货币政策的决策和实施效果。最后，考虑到我国的特殊国情，本着相互制衡的原理和渐进式改革的精神，初期可以考虑在赋予货币政策委员会独立决策的同时，赋予国务院总理连续两次否决权，如果连续两次被否决之后货币政策委员会仍然坚持己见，则国务院有权宣布解散货币政策委员会，并由全国人大改选；如果新改选的货币政策委员会仍然坚持上一届货币政策委员会的意见，而国务院总理仍然持否定态度时，则应交由全国人大常委会或中央政治局进行最终裁决。当货币政策委员会直接向全国人大负责时，这方面的机制需做相应调整。

针对财政政策执行问题，建议建立预算编制的决策、执行、监督"三权制衡"机制，由财政部门统一负责政府债务的审批与监管。一方面，建议政府财政预算由人大负责编制，财政部门负责执行，审计部门负责监督。优点是充分发挥了人大的决策职能和审计部门的监督职能，提高了透明度；但是，缺点是当前我国人大自身能力不足，无法满足财政预算编制的要求，同时审计部门仍属于政府序列，缺乏独立性。为此，应加强人大自身能力建设，建立科学化、民主化、法制化的决策机制，财政部预算司划入人大，加强人大专业性，财政部仅保留预算处，审计部门脱离政府序列，并对全国人大负责。另一方面，财政部门应统一对各级政府债务的审批，并建立统一的债务监管机构，有效控制、化解债务风险。

针对产业政策转型慢的问题，建议产业政策切实做好向功能性产业政策转变。首先，产业政策应定位于长期发展，而不能随着经济形势的变化而变化。其次，产业政策的制定要更加注重顶层设计，发挥中央政府的全局性作用。一方面，加强中央政府各部门间以及中央与各级地方政府间政策的协调，使各级政府都能参与到国家产业政策的制定中，改变以往各行其是的方式。另一方面，加强政府与市场主体之间的协调，及时听取各方利益诉求，不断完善产业政策。再次，加强产业政策与经济、社会政策间协调，形成有效的政策体系。最后，发挥政府在支持重大基础研究中的作用，同时依靠资本市场实现科技创新的商业化。

针对宏观调控信息不对称的问题，建议建立宏观调控政策制定信息披露机制。首先，完善宏观调控的决策机制，使之向透明化、规范化和科学化方向发展。其次，真实记录每一次会议内容及每一位参与决策人员的发言，必要时以法律保证其真实性。最后，仿效美联储，在 5 年之后强制向社会公布决策过程和内容，以强化信息披露机制。

针对产业政策退出的问题，建议产业政策要做到有进有退，进退有度。合理的产业政策应具有灵活的退出机制。如果产业支持缺乏退出机制，而退化成一种长期补贴，就会使企业形成对政府扶持的长期依赖，从而干扰了企业正常的新陈代谢和企业的创新动力，这样的产业政策就是失败的。由于产业有其固有的生命周期，当产业由成长期发展到成熟期后，以往的特惠性政策就应及时退出，并转向以促进和保护竞争机制为核心的普惠性政策。在产业政策的退出时期，要加强破产保护制度，使企业退出市场化，避免政府采取关停并转的行政手段。

2. 政府机构改革

政府机构改革是更好地发挥政府作用的制度基础。改革开放以来，我国先后进行了多次政府改革，在"大部制"或"小部制""大政府"或"小政府"、机构的精简或创立、机构的拆分或合并等方面反复了若干次，但始终没能调整到最佳模式，根本原因在于政府机构改革始终没有建立起制衡机制，因此在整体架构、决策机制、执行和监督机制方面始终没有取得突破。

首先，在整体架构上，重点是实现决策、执行、监督三权分立。在社会主义市场经济条件下，政府行政管理体制改革的方向应当是将决策、执行、监督三权进行适度分离，分清职责，拉开距离，形成既有分工又有协调、还能相互制衡的良性运作机制。比如，从名称和功能上，将委、部、署区分开来。"委"（委员会）作为决策机构，非实体部门，对国务院负责；"部"作为执行机构，是实体部门，对决策委员会负责；"署"作为监督机构，对全国人大负责。借鉴新加坡成熟经验，在"部"下设立代行政府职能的专业性、半官方的"法定机构"①，从而在部门内部实现决策、执行、监督三权分立。

其次，在决策方面重点推进决策的科学化、民主化、规范化、透明化。一是各领域或综合部门均应设立决策委员会，负责政策制定和决策。以货币政策为例，应将目前的货币政策委员会从咨询议事机构变成决策机构，建立科学的投票表决制度，参与决策的人应当具有广泛的代表性，并将会议纪要定期向社会公布。二是在决策委员会下面还应设立政策研究会或政策审议会，由监管者、被监管者以及专家学者参与，负责政策制定过程中的决策咨询研究工作。三是在政策制定过程中，应当充分重视官方智库和民间智库的作用，将听取智库意见纳入政府决策的法制化程序；并在官方智库之间、民间智库之间以及官方与民间智库之间展开充分竞争，以提高政策咨询研究质量。此外，要防止政府部门自我授权、地方政府自我授权，凡涉及公众利益、公

---

① 法定机构（Statutory Board）是一个由专门的立法机关设立的执行专门职能的官方自主机构，是一个独立于政府序列和公务员体系之外的法定实体，属于半政府机构。新加坡的法定机构在法律地位、组织架构、人事管理、财务监管等方面都具有其不同于政府部门和企业的运营特点，法定机构社会化的组织模式和企业化的运营方式使它具备了政府部门所不具备的灵活性和高效性，在新加坡经济社会发展和提供公共服务方面起到了至关重要的作用。

共事务、公共服务的公共政策制定，都必须由智库进行预备性研究，举行有公众参与的听证会，制定决策流程，并将决策参与者的人员名单和主要观点向社会公开。另外，对于政策制定的程序应以法律的形式予以明确，以规范决策的整体行为。

再次，在执行方面，重点是要公开执法、公平执法、公正执法。以宏观调控为例，要改善调控手段，增强间接调控，减少直接调控，消除微观干预，制定"宏观调控法"，在限制行政性调控的同时，强化真正的间接调控。同时，对各类主体、各种行为要统一执法，公开、透明，不能有亲有疏，不能暗箱操作，更不能选择性执法。明确谁执法谁负责、谁签字盖章，要白纸黑字，不能空口无凭；实行被监管者实名制，首先要监管者实名制。此外，在各部门内部，应设立公诉部门和法律顾问，对各种违法行为的主体提起公诉。

最后，在监督方面，重点是改善反馈机制，强化纠错机制，建立问责机制。改革统计制度，改进审计制度，制定"政府问责法"，拉开统计部门、审计部门与政府决策部门、执行部门的距离，将统计部门、审计部门放到全国人大系统，以增强其相对独立性。此外，为建立十八大提出的"人民满意的服务型政府"，还需要建立政策绩效考核评估体系和直接对人大负责的独立评估机构，通过问卷调查、民意测验、民主测评等多种方式了解人民是否满意以及满意程度如何，从而形成对政府政策的后评价制度和监督机制。

执笔人：魏加宁　王莹莹　杨　坤　吕东青　赵伟欣

附 录

国外价格管理经验与实践

一、美国的价格监管模式

依据不同类型职能部门的职责和法律授权,美国政府对价格的监管主要有以下几种方式。

一是对重要公用事业、公益服务价格以及关系国计民生的商品价格进行必要的干预。美国政府利用特许经营行业资格、政府公共投资、公共补贴、税收减免等手段,通过签订价格合同的方式来干预,即企业必须与政府或行业协会签订合同,约定价格条款,才能获得政府许可、政府合约、政府补贴、政府税收等优惠。

二是通过货币、财政政策调控价格。美国政府经常通过调节税率、改变税收规模、调节财政支出规模等一系列财政政策手段和通过控制货币数量与市场利率的货币政策手段影响总需求,进而间接影响价格总水平。

三是通过引入竞争机制放开价格。近年来,美国政府通过引入其他企业或外国资本参与竞争的方式,对历来由国家严格控制或高度垄断的领域进行了改革。例如,美国天然气工业走过了一个从政府管制逐渐向市场化竞争过渡的过程，自1978年解除政府管制后，美国天然气市场完全开放且极具竞争性。生产商、管线公司、经纪公司、分销公司和大用户在很多区域性市场进行天然气交易，共同决定气价。

四是在价格异常波动时颁布临时性的价格管制法令。由于价格形势可能会出现一些紧急情况，如发生重大自然灾害、某种物品价格暴涨暴跌等特定时期，就需要颁布临时法令来加以应对，对那些群众经常支出的、确实必要的、明显影响生活的商品进行价格管制。

五是禁止价格垄断和不正当竞争行为。在反垄断方面，美国主要禁止卡特尔合同、协议及行为和企业兼并、大企业滥用垄断地位三种形式的垄断价格行为；在不正当竞争行为方面，主要禁止欺骗胁迫等引诱顾客的行为及联合抵制、区别定价等阻碍自由竞争的行为等。并且，美国的反垄断法律法规也对违法行为规定了严格的刑事责任、民事责任和行政责任三种责任形式。

六是在多元化开放性的市场经济条件下，不单单依靠政府部门对价格进行监管，消费者权益保护委员会、公用事业管理委员会等组织以及社会公众和媒体的舆论监督等也是价格监管的重要方式。如司法部反垄断局和联邦贸易委员会均下设专门的消费者保护部门，以方便消费者投诉。舆论监督在美国的价格监管体系中也起着举足轻重的作用，一方面社会公众借助舆论压力来约束政府和商家的行为，政府和商家必须正视公众的质疑、抱怨、投诉等；另一方面政府通过媒体公布公用事业和重要商品的合理价格水平来影响企业的定价行为。

二、新加坡政府干预定价的方式

20世纪80年代以来，新加坡逐步推进公用事业的市场化，从政府直接经营公用事业转变为政府监管、企业经营、市场运作、社会监督的管理模式，政府不再直接定价，而是结合产品的公共社会利益、企业经营成本、社会可承受能力和市场资源变动等因素，采取政府间接干预的定价方式，既反映了公用事业的民生、公益属性，也体现了市场竞争和资源价值的特点。不同的公用事业产品由于提供方式、管理体制和资源价值的不同，主要分为三类定价方法。

一是规定基准回报率，在企业成本基础上加上一个合理的利润所形成的价格。如新加坡的水价由水使用费、水资源保护税、污水处理费和卫生洁具费四个部分组成，水价调整是基于投资回报率，当回报率偏离8%过多时，就要调整税费。

二是设定价格上限，并根据时间、通货膨胀及技术进步率等因素进行调整。如新加坡的公共交通理事会依据定价模型和物价形势来调整地铁和公共汽车价格，目前使用的定价模型是，票价调整上限 = $0.5CPI + 0.5WI - Z$，其中 CPI 是前一年消费价格指数的变化，WI 是前一年全国平均月收入变化指数并根据雇主的公积金缴纳率作相应调整，Z 是经营企业生产效益且每三年作一次调整。

三是市场化方式定价，并经政府核准同意后方可公告执行。新加坡的燃气和电力价格采用这种定价方式。新加坡推进电力市场化改革，建立了比较完善的电力市场，所有用户的发电、送电均由电力市场来配置，但是居民生活用电和小商品用电的电价不是适时或每天调整，而是每季度根据能源消耗市场价格变化来调整费率。政府并不直接控制电价，而是运营企业根据政府规定的原则自行宣布调整。如果企业调整不符合政府调价原则，政府监管部门可对企业调价行为做出处罚。

三、智利的教育券计划

为应对提高教育质量的挑战，智利于 1980 年实行了针对初等和中等教育的教育券制度。引进教育券制度的目的在于，在严格的费用约束下提高教育的质量，并且通过将财政和教育的决定权转移给地方政府和私人家庭，其核心是政府从补贴价格转向补贴受益人，减少了教育服务的价格扭曲，从而促进私人教育服务市场的发展，提高教育服务的效率与质量。

从理论上，教育券应具有以下几方面特点：普遍适用于所有学生；所有家庭都可以使用；教育券可以在任何一所公立学校和私立学校使用，而这些学校必须达到某一最低质量标准；教育券的费用应该足够多，能够支付高质量教育的费用；学生在选择学校时完全自由；学校在选择学生时完全自由。

智利教育券计划希望取得以下几类成效：教育券的实行，增加了家长的择校权，提高了接受教育券家庭的总福利；通过择校，促使学校之间互相竞争，社会成本将降到最低；提高私立学校办学效益；公立学校为同私立学校争夺生源，也将变得更有效率；具有竞争性的教育制度更有可能提升低收入家庭儿童的就学环境。

后记

    党的十八届三中全会《中共中央关于全面深化改革若干重大问题的决定》指出，经济体制改革的核心问题是处理好政府和市场的关系，使市场在资源配置中起决定性作用和更好发挥政府作用。那么，应该如何重新定位政府的职能、规范政府的行为、划清政府与市场的边界就成了亟待解决的问题。特别是在当前经济下行压力明显、各种风险大量积聚、改革已经进入深水区的情况下，宏观调控受到了前所未有的挑战。在此背景下，宏观部设立重点课题"新形势下完善宏观调控理论与机制研究"，经过一年多的研究，课题研究报告通过了专家评审并获得了较高评价。

    当前，在新形势下如何完善宏观调控机制，增强宏观调控效果，特别是在宏观调控中如何保证市场在资源配置中起决定性作用的同时更好地发挥政府作用成为当前急需解决的难题。为此，按照国务院发展研究中心的统一部署，我们将持续一年多的研究成果编辑出版，借以抛砖引玉，以期引起社会各界就"完善宏观调控理论与机制"进行更为深入的探讨。

    本书总负责人为余斌，协调人为魏加宁，二人共同指导课题的主体脉络及章节安排。本书共分为六章，其中，前言部分，由魏加宁执笔；第一章由吕东青撰写；第二章由魏加宁、杨坤共同撰写；第三章由陈昌盛撰写；第四章由吴振宇撰写；第五章由魏加宁、张俊伟、唐滔、赵伟欣共同撰写；第六章由魏加宁、王莹莹、杨坤、吕东青、赵伟欣共同撰写。

在课题研究过程中，2015 年 5 月 10 日国务院发展研究中心宏观经济研究部与中国人民大学国家发展与战略研究院合作举办了"新形势下宏观调控的机制变异与理论创新内部学术研讨会"，研讨会上，中国人民大学校长陈雨露、中国人民大学刘元春、郭庆旺、杨端龙、毛振华、方福前、卢荻、郑新业、刘勇、冯俊新、范志勇，国务院发展研究中心副主任刘世锦、国务院发展研究中心余斌、魏加宁、孟春、陈昌盛、吴振宇、张俊伟、范建军以及外部专家黄宪、刘锡良、卢峰、张晓朴、纪敏、徐现祥、张学源等就宏观调控的基本理论、新形势下宏观调控理论面临的新挑战、宏观调控实践遇到的新难题及改进措施等进行了充分的讨论。

在课题研究过程中，课题组还开展了一系列调研考察工作。赴日考察期间，日本银行国际局井滋人局长、企划局白塚重典审议役、调查统计局中山经济统计课长、国际局冈崎久实子女士等与我们就宏观调控问题进行了深入交流；日本财务省综合政策研究所副所长田中修先生、主计局松岛隆仁先生、国税厅佐藤友一郎先生和大臣官房政策金融课中泽正彦先生等为我们提供了丰富的资料；课题组还拜访了日本明治大学"垄断问题研究会"，与日本著名的马克思主义研究学者饭田和人教授、岩田胜雄教授、柿崎繁教授、柴垣和夫教授、鹤田满彦教授、长岛诚一教授等进行座谈，重点从马克思主义理论的视角讨论了政府与市场的关系；此外，经产省研究所理事长中岛先生、东京大学名誉教授武田晴人、日本经济研究中心理事长（前日本银行副总裁）岩田一政先生、法政大学经济学部教授小黑一正先生、日本明治大学国际合作政策研究所所长关山健先生等就中国和日本当前的经济发展态势、政府与市场关系与课题组交换了意见；在考察过程中，日中产学官交流机构的柳濑丰昭先生、李军先生对我们提供了多方协助，对此一并表示感谢。

课题组自 2015 年 12 月 2 日至 12 月 24 日，先后赴广东、上海、海南、福建等地进行实地调研，分别与各相关单位举行座谈（共 10 场），听取了省级相关机构官员和专家学者以及部分金融机构代表（共 70 人次）的意见，比较全面地了解了各个方面对宏观调控以及政府与市场关系的基本看法。同时，课题组成员还与中国改革基金会国民经济研究所王小鲁、国家发改委宏观经济研究院教授常修泽、中国（海南）改革发展研究院苗树彬、黄东晖、匡贤明等多位专家学者围绕政府作用和宏观调控进行了广泛深入的讨论。

此外，还十分感谢国务院发展研究中心重点课题评审专家委员会的李善同、任兴洲、林家彬、刘守英、张永生、王微、贡森、李志军等多位专家，他们在课题评审时对报告初稿提出了许多宝贵的意见和建议。最后，还要感谢国务院发展研究中心科研处处长肖庆文同志、中国发展出版社工作人员等，他们对本书的成功出版给予了不可或缺的支持与帮助。

由于我们在理论、经验及认识上的局限，书中难免有不少错漏之处，还望专家学者和广大读者给予批评指正。

魏加宁

2016 年 5 月 28 日

参考文献

［1］ Adrian, Tobias andBrunnermeier, Markus. COVAR. NBER Working Paper 11698, 2011.

［2］ Allen M, Rosenberg C, Keller C, Nouriel Roubini et al. A Balance-Sheet Approach to Financial Crisis, IMF Working Paper, 2002.

［3］ Allen, Franklin and Gale, Douglas. Financial Contagion. Journal of Political Economy, 2000（1）, 1 – 33.

［4］ Barry Eichengreen, Donghyun Park, Kwanho Shin, "When Fast Growing Economies Slow Down: International Evidence and Implications for China", NBER Working Paper No. 16919

［5］ Bernanke, Ben S., and Gertler, Mark. Agency Costs, Net Worth, and BusinessFluctuations. American Economic Review, 1989（79）, 14 – 31.

［6］ Burnside Craig, Eichenbaum Martin, Rebelo Sergio, Government guarantees and self-fulfilling speculative attacks. Journal of Economic Theory, 2004（2）, 31 – 63.

［7］ Freixas, Xavier; Parigi, Bruno and Rochet, Jean-Charles. SystemicRisk, InterbankRelations, and Liquidity Provision by the Central Bank. Journal of Money, Credit, and Banking, 2000（32）, 611 – 40.

［8］ Friedman, Milton, and Schwartz, Anna Jacobson. A Monetary History of theUnited States, 1867 – 1960. Princeton, N. J.: Princeton Univ. Press（forNBER）, 1963.

［9］ Goldsmith, R., W., Comparative National Balance Sheets: A Study of Twenty Countries, 1688 – 1979. University of Chicago Press, 1985.

［10］ Goldsmith, R. W. The Uses of National Balance Sheet. Review of Income and wealth, 1966（12）, 95 – 133.

［11］ Gray, Dale F., Merton, Robert C., and Bodie, Zvi. New framework for measuring and managing macrofinancial risk and financial stability. NBER Working Paper, 2007, No. 13607.

［12］ Hartmann, Philipp, Straetmans, Stefan and Casper de Vries. Banking system stability: A cross-Atlantic perspective. NBER Working Paper 11698, 2005.

［13］ Hicks, John R. A Market Theory of Money. Oxford: Clarendon, 1989.

［14］ International Monetary Fund. Public Sector Debt Statistics：Guide for Compilers and Users ［R］. Washington，DC. International Monetary Fund，2011.

［15］ Kiyotaki，Nobuhiro and Moore，John. Balance-Sheet Contagion. The American Economic Review，2000（2），46 - 50.

［16］ Krugman，Paul，Balance Sheets，The Transfer Problem，and Financial Crises. International Finance and Financial Crises，1999，31 - 44.

［17］ Lehar，Alfred. Measuring systemic risk：A risk management approach. Journal of Banking & Finance，2005（10），2577 - 2603.

［18］ Louis Kuijs，China Through 2020：A Macroeconomic Scenario，World Bank China Office Research Working Paper，No. 9

［19］ Merton，R. C.，. An Analytic Derivation of the Cost of Loan Guarantees and Deposit Insurance：An Application of Modern Option Pricing Theory. Journal of Banking and Finance，1977（19），3 - 11.

［20］ Reinhart，C. M and Rogoff，K. S，This Time is Different：Eight Centuries of Financial Folly. Princeton，N. J. ：Princeton University Press. 2009.

［21］ Rosenberg，Christoph，Halikias，Ioannis，House，Brett，Keller，Christian，Nystedt，Jens，Pitt，Alexander，and Setser，Brad，，Debt-related Vulnerabilities and Financial Crises：An Application of the Balance Sheet Approach to Emerging Market Countries. IMF Occasional Paper，2005（240）.

［22］ Sanguinetti Pablo，Tommasi Mariano. Intergovernmental transfers and fiscal behavior insurance versus aggregate discipline. Journal of International Economics，2004（62），149 - 170.

［23］ Zhuang Juzhong，Vandenberg Paul& Huang Yiping，"Growing beyond theLow-Cost Advantage-How the People's Republic of Chinacan Avoid the Middle-Income Trap"，ADB and Peking University，2013. 1

［24］ 安利仁，董联党. 基于资本驱动的潜在增长率、自然就业率及其关系分析. 数量经济技术经济研究，2011（2）

［25］ 北京大学中国经济研究中心宏观组编. 1998 ~ 2000 中国通货紧缩研究. 北京：北京大学出版社，2005

［26］ 庇古. 福利经济学. 北京：华夏出版社，2007

［27］ 蔡昉，陆旸. 中国人口红利的终结：一个潜在 GDP 增长的视角，中国经济增长与发展新模式. 北京：社会科学文献出版社，2014

［28］ 曹远征，钟红，廖淑萍、叶蓁. 重塑国家资产负债能力. 财经. 2012（324）

［29］ 陈亮，陈霞，吴慧. 中国经济潜在增长率的变动分析——基于日韩及金砖四国等典型国家 1961 ~ 2010 年的经验比较. 经济理论与经济管理，2012（6）

［30］ 成思危主编. 成因与对策：透析中国的通货紧缩. 北京：经济科学出版社，2002

［31］ 岛中雄二. 太阳景气经济学. 北京：东方出版社，2012

［32］ 发改委经济研究所课题组（刘树杰、刘雪燕、孙学工）. 分报告六：未来十年我国经济增长趋势预测. 经济研究参考，2012（43）

［33］ 樊纲. 中国经济回归正常. 综合发展研究院快参，2014. 13

［34］ 方福前. 30 年来我国宏观经济调控思想的演变. 教学与研究，2008（9）

［35］ 方福前. 我国经济管理体制和调控方式的变革. 中国人民大学学报，2008（5）

[36] 高旭东，刘勇主编．中国地方政府融资平台研究．北京：科学出版社，2013

[37] 辜朝明．大衰退．北京：东方出版社，2008

[38] 管小明．结构转型与中国潜在增长率变动分析．金融观察，2014

[39] 郭庆旺，贾俊雪．中国潜在产出与产出缺口的估计．经济研究，2004（5）

[40] 国家行政学院课题组．2014 年宏观经济形势分析与 2015 年展望．人民网

[41] 国家审计署．2013 年第 32 号公告：全国政府性债务审计结果

[42] 国务院发展研究中心经济形势分析课题组．2014 年经济形势分析及 2015 年展望．中国经济时报，2014 年 12 月 15 日

[43] 黄伯平．宏观调控的理论反思．社会科学研究，2008（3）

[44] 黄梅波，吕朝凤．中国潜在产出的估计与"自然率假说"的检验．数量经济技术经济研究，2010（7）

[45] 纪尚伯．中国菲利普斯曲线的动态变化研究．统计与决策，2012（14）

[46] 加里·希林著，李扬等译．通货紧缩．北京：经济管理出版社，1999

[47] 卡什伯特逊．关于宏观经济政策的争论．北京：中国经济出版社，1985

[48] 凯恩斯．就业、利息和货币通论．北京：商务印书馆，1999

[49] 李宏瑾．基于生产函数法的潜在产出估计、产出缺口及与通货膨胀的关系：1978—2007．第五届中国金融学年会会议论文，2008

[50] 李江，刘丽平．中国商业银行体系信用风险评估——基于宏观压力测试的研究．当代经济科学，2008（6）

[51] 李善同．"十二五"时期至 2030 年我国经济增长前景展望．经济研究参考，2010（43）

[52] 李文芳，方伶俐，凌远云．两类潜在产出估计方法的优缺点比较．统计与决策，2006（6）

[53] 李扬，张晓晶，常欣，汤铎铎，李成．中国主权资产负债表及其风险评估（下）．经济研究，2012（6）

[54] 李扬，张晓晶，常欣等．中国国家资产负债表（2013）：理论、方法与风险评估．北京：中国社会科学出版社，2013

[55] 刘斌，张怀清．我国产出缺口的估计．金融研究，2001（10）

[56] 刘飞，钟辰．中国产出缺口的估计（1985～2009 年）及两种估计方法的比较．经济研究参考，2011

[57] 刘瑞．宏观调控的定位、依据、主客体关系及法理基础．经济理论与经济管理，2006（5）

[58] 刘尚希．宏观金融风险与政府财政责任．管理世界，2006（6）

[59] 刘世锦等．陷阱还是高墙？——中国经济面临的真实挑战和战略选择，北京：中信出版社，2014

[60] 卢芹．中国金融风险预警指标体系研究．特区经济，2012（8）

[61] 吕光明．潜在产出和产出缺口估计方法的比较研究．中央财经大学学报，2007（5）

[62] 马骏，张晓蓉，李治国．中国国家资产负债表研究．北京：社会科学文献出版社，2012

[63] 马骏等．2015 年中国宏观经济预测．中国人民银行工作论文 No.2014/10

[64] 马文·拉桑德．风险评估：理论、方法与应用．北京：清华大学出版社，2013

[65] 马文涛，魏福成．基于新凯恩斯动态随机一般均和模型的季度产出缺口测度．管理世界，2011（5）

[66] 米尔顿·弗里德曼．美国货币史．北京：北京大学出版社，2009

[67] 倪晓宁，包明华．DEA 方法在潜在 GDP 估算中的应用．统计与决策，2010（2）

[68] 钱小安．通货紧缩论．北京：商务印书馆，2002

[69] 乔虹，朱元德，何泓哲．关于中国当前经济下滑和长期潜在增长的评估．金融发展评论，2012（9）

[70] 屈宏斌等．汇丰经济预测与投资战略：警惕产出缺口，2014

[71] 瞿强．经济波动：附加信用的结构性解释，金融研究，2009（1）

[72] 萨缪尔森．经济学．北京：中国发展出版社，1992

[73] 沈坤荣，李猛．中国潜在产出和产出缺口的测算：1952～2008．首都经贸大学学报，2010（5）

[74] 沈沛龙，樊欢．基于可流动性资产负债表的我国政府债务风险研究．经济研究，2012（2）

[75] 石柱鲜，王立勇，金华森．我国潜在经济增长、通货膨胀与宏观经济态势的关联性研究．经济学动态，2005（9）

[76] 世界经济展望最新预测．IMF，2015（1）

[77] 睢党臣，李盼．我国地方政府债务问题研究——基于财政风险视角下的动态可持续性分析．云南财经大学学报，2013（5）

[78] 汤在新，吴超林．宏观调控：理论基础与政策分析．广州：广东经济出版社，2001

[79] 唐江桥．国家干预经济的理论渊源．北方经济，2007（2）

[80] 王立勇，杨苜，程延炜．国外宏观调控理论研究与借鉴．社会科学辑刊，2007（4）

[81] 王重润．房地产融资结构与金融风险研究．中国房地产金融，2006（9）

[82] 王子博．中国潜在产出估算模型的设计与应用——基于 Kalman 滤波的实证分析．统计与信息论坛，2012（1）

[83] 魏加宁等编著．地方政府债务风险化解与新型城市化融资，北京：机械工业出版社，2014

[84] 魏加宁主编．中国：通货紧缩问题研究——成因、危害与对策．北京：中国金融出版社，2001

[85] 吴俊培，王玥人．积极财政政策风险的实证分析．中央财经大学学报，2014（1）

[86] 向祖文．康德拉季耶夫的长波理论述评．当代世界社会主义问题，2009（2）

[87] 肖宏伟，李辉．中国经济潜在增长率测算及预测研究．海南金融，2014（11）

[88] 谢平，邹传伟．互联网金融模式研究．金融研究，2012（12）

[89] 徐澜波．规范意义的"宏观调控"概念与内涵辨析．政治与法律，2014（2）

[90] 许涤龙，何达之．财政风险指数预警系统的构建与分析．财政研究，2007（7）

[91] 许召元．中国的潜在产出、产出缺口及产量——通货膨胀交替关系．数量经济技术经济研究，2005（12）

[92] 亚当·斯密．国富论．上海：上海三联书店，2009

[93] 闫坤，陈新平．我国当前金融风险财政化问题及对策．管理世界，2004（10）

[94] 阎庆民．中国银行业风险评估及预警系统研究．北京：中国金融出版社，2005

[95] 杨天宇，黄淑芬．基于小波降噪方法和季度数据的中国产出缺口估计．经济研究，2010（1）

[96] 杨艳，刘慧婷．从地方政府融资平台看财政风险向金融风险的转化．经济学家，2013（4）

[97] 殷德生．经济转型中的潜在增长率变化与新一轮"开放促改革"的突破口．华东师范大学学报，2014（5）

[98] 余斌，魏加宁著．中国财政金融风险问题研究．北京：中国发展出版社，2012

［99］玉清．逾期债务、风险状况与中国财政安全——兼论中国财政风险预警与控制理论框架的构建．经济研究，2011（8）

［100］袁富华．低碳经济约束下的中国潜在经济增长．经济研究，2010（8）

［101］张成思．基于多变量动态模型的产出缺口估算．统计研究，2009（7）

［102］张金清，赵伟．开放经济条件下我国潜在产出水平的估算与解析——基于新凯恩斯主义的理论框架．数量经济技术经济研究，2009（1）

［103］张连城，韩蓓．中国潜在经济增长率分析——HP滤波平滑参数的选择及应用．经济与管理研究，2009（3）

［104］张明喜．财税政策调整与财政风险预警研究——基于CGE模拟分析．现代财经，2013（1）

［105］张前荣．中国潜在增长率和要素投入对经济贡献的测算．国家信息中心，2014

［106］张延群，娄峰．中国经济中长期增长潜力分析与预测：2008～2020年．数量经济技术经济研究，2009（12）

［107］张男．宏观经济管理中国范式的形成与发展——论中国宏观调控实践的理论价值．中国延安干部学院学报，2012（1）

［108］张勇，周达，刘瑞．宏观调控概念解读：政府干预经济的中国式框架．青海社会科学，2009（5）

［109］张志敏，冯春安．中国宏观调控理论的演变、纷争与挑战．经济学动态，2009（11）

［110］赵昕东．基于SVAR模型的中国产出缺口估计与应用．经济评论，2008（6）

［111］郑挺国，王霞．中国产出缺口的实时估计及可靠性研究．经济研究，2010（10）

［112］中国经济增长前沿课题组（张平，刘霞辉）．中国经济长期增长路径、效率与潜在增长水平．经济研究，2012（11）

［113］中国人民银行调查统计司课题组（闫先东，向晓岚，刘西）．中国经济增长潜力分析．金融发展评论，2011（8）

［114］中国人民银行营业管理部课题组．基于生产函数法的潜在产出估计、产出缺口及通货膨胀的关系：1978—2009．金融研究，2011（3）

［115］周为民．宏观调控的五大误区．社会观察，2011（7）

［116］周学．宏观经济理论创新：从事后调控到事前调控——兼论主要调控工具的转变．经济学动态，2009（6）

［117］朱行巧．西方国家宏观经济调控模式的发展与比较．国外社会科学，1999（3）